讲述两岸故事

台生说

黄裕峯 \ 主编

九 州 出 版 社
JIUZHOUPRESS | 全国百佳图书出版单位

图书在版编目（CIP）数据

台生说 / 黄裕峯主编 . -- 北京 ：九州出版社，
2016.12（2018.12 重印）
ISBN 978-7-5108-5025-7

Ⅰ . ①台… Ⅱ . ①黄… Ⅲ . ①大学生－学生生活－台
湾－文集 Ⅳ . ① G645.5-53

中国版本图书馆 CIP 数据核字（2017）第 016123 号

台生说

作 者	黄裕峯　主编	
出版发行	九州出版社	
地 址	北京市西城区阜外大街甲 35 号（100037）	
发行电话	(010)68992190/3/5/6	
网 址	www.jiuzhoupress.com	
电子信箱	jiuzhou@jiuzhoupress.com	
印 刷	北京九州迅驰传媒文化有限公司	
开 本	880 毫米 ×1230 毫米　 32 开	
印 张	11.25	
字 数	182 千字	
版 次	2016 年 12 月第 1 版	
印 次	2018 年 12 月第 2 次印刷	
书 号	ISBN 978-7-5108-5025-7	
定 价	48.00 元	

目　录

反思两岸的落差与真实

□ 曹瑞泰

初到大陆的那一年半载，对海峡两岸衣食住行中各式各样的落差，有巨大感受。当年走进大陆人群中，多了些大声嚷嚷的南腔北调与争先恐后拥挤的行为，有了这些细微生活中的种种思想与行为中的两岸落差亲身感受，隔阂自然生成。但是，后来渐渐地也就习惯了。

有一次到 N 县的乡下城镇去小住，想利用这段空档时间，顺便申办卡式台胞证，虽然中央已明文规定不需要再办理暂住证，但到了县城里的出入境管理局申办时，仍被要求先到派出所办理暂住登记。另外，事先准备好的证照相片，虽然确认可以使用，但仍被要求要在现场缴费拍照。只好无奈转往五六公里外的镇公安局办理暂住登记。然而，从下午四点等到五点半，柜台里座椅的主人仍不见踪影。隔天起个早，八点半就到了镇里的公安局，承办人员依然尚未到班，等了一个多钟头，因尚有他事待办，终于选择放弃。耗了两天却一事无成，心中很不是滋味。回程的车上，心中怒火难消，沿路一直碎碎念。这时，同行的台商友人开口说话了："你今天刚到大陆吗？"瞬间，我俩相对而笑。因为，我又在以自己的人生经验、台湾经验、价值观来对比两岸，审视大陆了。

因此，当我决定到大陆求学，首先选择就是到一线城市，回避两岸落差的情况，因为大陆幅员广阔，各地域间也存在落差，对有点年纪的我来说，还是偏好在便利性高的北京。但是，选择北京，也意味着要面对更多人，且申办过程较耗时，花费也相对高，虽然多花钱不是穷学生的理想选项，建议根据每个人的情况选择学校、选择城市。

谈到两岸落差，我们总是会习惯以直观为真，以自己的短距人生经验为实，这是人类以眼见为凭的直觉式思想行为的反映。那些大声嚷嚷的南腔北调与争先恐后拥挤的举止，表面上好像可以凸显出两岸的不同，事实上却是差不多，因为只是程度不同。我们用同样的语言、同样的中华文化，加上台湾较早开始走向现代化社会发展的水平，于是你我用在台湾熟悉的生活模式与标准去检视、对比大陆民众生活行为的落差。然而，若相互置换个角度、位置与环境，我们是否也有同样的进步中的不文明行为呢？只因在同样文化的底盘上、在使用相同的语言过程中，以不同的标准彰显了自我感受中的巨大落差。如今，大陆在飞快进步中，我们也超快地就习惯了，因为我们有共同的宽容或称差不多就好的文化性格。

台生家庭家长的独白

□吴长奇

在月夜风高的晚上，当你面临全球串联所造成无情的蝴蝶效应，有无家庭可趋吉避凶并避免被卷入系统风险的战略？若以墨菲定律而论，那是"空思梦想"！但以预防医学的观点而言，预防胜于治疗！

古人云：一命、二运、三风水、四积阴德、五读书！可见，当大环境（命、运、风水）变迁迅速时，遇到贵人（阴德）与谨慎处世（读书），反而变成抵挡全球系统风险的利器！

读书对我而言是过去式。我这辈子到目前为止取得了高雄医学大学的牙医博士与天津南开大学的经济学暨金融学博士。拿了双博士唯一的好处是可以促狭博士友人。我与博士朋友两个人出去，开玩笑问他："我们两个加起来三个博士，你认为是怎么回事？"面对这种脑筋急转弯，被问的朋友经常愣住，我也乐得逗博士开心。

小孩读书与就业对我而言，是个抉择，也是对小孩的交代。我与有些西医学者的观点不同，不认为中医是门伪科学，且我还认为学了医学临床可照顾自己家人或至少知道谁较适合照顾自己家人。举例来说，我曾在台湾的长庚医院当过牙医师，当我回长庚皮肤科找以前认识的教授看诊，心理上的感受是温暖的，有一种和风温馨的感受。另外，过去年轻时不觉得，老了特别希望能有个学医的亲人或朋友来帮忙修复身体机能。因而，我说服小孩以念医为出发点，同时发展第二专长。我的女儿自己感兴趣，也认同我的说法，因此她在台湾读完高中后就到大陆学中医。

我认为，学医加第二专长，比读完其他专业后再学医是事半功倍。在此跟大家分享学医三阶段的时间成本分析，文中所提供的数据会因大陆的新政策而有所改变，但学医三阶段分析方式还是具有通用性的。

我曾在台中的亚洲大学教授"中国大陆医疗保障"课程中，将本科阶段、研究生阶段与职场阶段的三阶段时间成本介绍给学生，并整理成一本医学人才养成的相关书籍。现在将其中的图表分享如下，让本书读者可以从时间成本的角度分析，考虑自己或子女赴大陆就读医学专业，甚至进行跨专业整合的可行性。

中国大陆医疗体系：

A. 医疗监督体系

B. 医疗保障体系

C. 医疗服务体系

D. 公共卫生体系

E. 药物暨医疗器械供给体系

进入医学院毕业（学士、硕士、博士）

实习一年考取医师资格证书

培训三年，获得住院医师规范化培训合格证、医师注册证书

住院医师（0—8年）

主治医师（0—8年）

副主任医师（0—8年）

主任医师（0—8年）

医师定期考核（两年一次）

如上图，需在医学院学的是临床才是进入"C. 医疗服务体系"的管道。而且要跟好心的介绍人问清楚，到底是念出来可以考医师还是助理医师，这在时间成本上差异极大。

幸好整合规陪与住院医师训练成趋势，具体上除各省市交互承认规陪的统一标准需统合外，住院医师录取的透明化是对台生有利的！

交流回台后我口中的大陆

□董道恩

　　有幸在大学三年级下学期利用了学校的资源，以交流生的名义进入了我梦寐以求的学校——复旦大学就读。这一学期的交换体验对我有深远的影响，说实话，这是我第一次到大陆的一线城市。没到前，对大陆的印象还停留在台湾课本上所说的"落后"的阶段。但是，当我双脚踏在浦东国际机场时，目睹其世界级别的规模，真是让我为之赞叹。我才明白，自己需要脱离原本的生活框架，才能真实地来体验出不同的生活，看见不一样的事物，才能真实明白大陆人现今所过的生活。我来的最主要目的就是体验生活，读书则变为次要。因为这样的目标，所以我观察、我体会、我参与，想要将自己融入大陆的环境中，因此看到了些与想象不一样的事物。有别于课本上所教的客观知识道理，而是我的主观经验生活。

我回到台湾后，亲朋好友们一面关心，也一面想知道当地的真实状况，就会来问我。询问度最高的问题，莫过哪里好吃、哪里好玩。但是，这些信息在脸书上都看得见，不那么有特殊性。最想跟大家分享的是我叔叔的提问："你觉得你能赢在哪里？"这个问题瞬间让我愣住了，我凭着直觉回答，说出了——合作和创意。

大陆的高考竞争非常激烈，能读到大学的都已经是有很有实力的人。在这样的竞争环境下，不进则退，就算踩着别人的"尸体"都要往前迈进，所以，大家都非常努力地读书。我刚到复旦的前两个月，有一次心血来潮，去图书馆看小说，结果进去后才发现一位难求，手表上的时间不过才9点。同时间的台湾大学生或许才刚起床，正在买早餐带到教室吃。在复旦，早上八点开始的课，在上课前五分钟，大部分同学就已经坐定，并且几乎没有同学在吃早餐，这就是态度。台湾学生在学习态度上有点找不回来的感觉。大陆同学个人态度都很好，但是，老师要求做报告时，我发现同学彼此间不太交流，特别在相互合作上，基本是分工，不算合作。此外，在报告的呈现方式上，我觉得或许可以有更多的变化。我主修是教育学，知道要怎么开头可以引起听者的兴趣，简报上的呈现比较不会都是文字，也较少将要讲的话全部放在 PPT 上面。我遇到的一些同学或老师上课就有这样的情况，他们简报很认真，但是都是字，且字还很小。大陆老师信息量很丰富，讲很多很多东西，同学就看着简报抄笔记。因为老师这样教，所以当学生有机会站在台上时，他们就是这样报告。其实，我也不是觉得完全不好，但是，应该还有改善的空间。

据我自己的观察，大陆独生子女家庭与台湾有兄弟姊妹相处经验的家庭也有一些差异。我认为，当独生子女世代开始成为社会主力担当之时，不能凭着这样的个性或是习惯使得中国持续走在强国的位置，需要更多柔软身段的合作。这时就是台湾年轻世代的机会，发挥合作与创意，可以有更多的两岸合作互动。当然，最重要的还是要不断努力，加上好的性格和永不放弃，应该就是成功的关键。我相信在未来总是充满希望，从台湾来的我们必须努力，坚持最基本做学问、读书的态度，再善用我们目前在群体合作与口语表达上的特质，就有机会能在这样一个地球村的环境中占有一席之地。

从北师大到台大读心理学

□ 陈品儒

在大陆，北京师范大学的心理学一直是王牌专业，心理学是探讨人的心智与行为规律的科学，其跟物理、化学、数学一样是理学。在台湾，师范大学开设的多是心理辅导专业，更偏人文，而科学取向的心理学多见于综合类大学。

科学，即意味着实证主义的教育模式，这正是北师大心理学所重视的培养方向。第一门心理学专业课"普通心理学"上，老师就强调心理学作为科学的特性，与星座学说、读心术不同，其具备被证明抑或被证伪的特性。这打破了不少同学，包括我，对心理学的幻想，最终我们都走上这条用证据说话的康庄大道，背负起实证取向的责任。

北师大心理学院注重专业知识的扎根，每门课程都由从事此领域的老师授课，多年的教学经验将他们的教案打磨到极致。在课程安排上，与大部分高校的心理学专业一致。除了严实的基础知识，北师心理学很重视学生的科研素养，本科生导师制是途径之一。台湾的高校也有导师制，但台湾的"导师"针对学生的生活、学习担任指导的角色。而大陆的本科生导师制多是在学术研究上的指导，而不是生活。大二时我选择了方晓义教授作为我的导师，方教授是国内婚姻家庭心理学的翘楚，接下来的3年我都留在方教授的实验室里。导师每学期都可以更换，只要通过其同意即可。导师制并非强迫的，也可以不选择导师。实质上，此制度目的在于让大学生提早了解学术环境。大学生加入实验室后，首先要参加例行的实验室会议，每位教授的例会时间不同，例会的内容大多是研究生报告专题进展、文献导读等。很多同学除了参与导师的例会，还会旁听其他感兴趣的老师的例会。通过聆听例会，与研究生交流，大学生能看见领域的具体研究方法和研究趋势。除了参与例会，导师也会分配大学生任务，例如担任实验主试、发放问卷、宣传实验以及数据处理。通过这些机会大学生又进一步参与真实的研究流程。我很幸运一开始就找到适合自己的实验室，也有同学对很多领域感兴趣，大学期间更换不少导师最终也确定日后读研方向。

本科生导师制帮助学生认识科研，也为学生亲自实践学术研究打下基础。北师大具有丰富的学术资源，也给大学生提供实践机会。最有代表性的要数本科生科研基金（本基）了，学校会补助大学生经费进行专题研究，约2000元人民币。学校会依据学院分配名额，公布申请截止日期。同学可以组队撰写研究计划并向学院申请，跨专业的组队是被鼓励的，大部分团队有2至3人。学院在审核文字申请后还会举行一次公开答辩，公开答辩里，团队需要向评审老师介绍研究计划。随后通过审核的团队便可拿到补助，并在规定时间内使用经费完成研究。本基的名额不少，我大二那年心理学院有约20个团队申请，申请主体以大二学生为主，也有不少大三学生，最终有14个团队得到立项。这是很多同学的科研初体验，如同一个迷你学生版的自然科学基金，从立项到结项都有标准化的要求。

本基是校级的科研经费补助，除此之外还有市级的北京市创新创业科研基金（北创）以及国家级的国家大学生创新创业科研计划（国创）。申请方法与本基相同，经费随着等级提高而增加。我这一届（11级）三者是分开申请的，而14级开始三者合并申请，评审老师最终依照排名分配补助等级。

我在大二时与同学一同申请了本基，并于隔年以本基实验为基础申请国创。科研是我大学生活里很重要的部分，大二大三时，我很多周末都在实验室里度过。很多在课堂里简要带过的技术、知识如果研究有需要，就得自学。当时为了编写实验程式，我花了两周时间自修软件，上网查询资料，最后终于编出程式。后续的数据处理也很费心思，录入数据辛苦但还算轻松，但实验结果出来后新的挑战才开始。实验结果与假设不一致的地方，都需要进一步查询文献，并找出相关理论解释。这个过程离不开老师的指导以及疯狂的文献阅读。

回台湾后得知，台湾大学生也有大专生"国科会"计划。"国科会"计划是个人的，参与度不普及。在台湾，心理学大学部进入实验室并非主流，只有少数同学会提前进入实验室，这来自于培养方案与考研管道的差异。台湾的大学注重博雅教育，鼓励学生除了专业知识外多接触其他学科，学分要求更高，相对学术活动，同学们更愿意参与综合类的社会活动，或者把心力投注于社团，在此过程里进行多元化学习，培养领导能力。而北师大提倡领域专精，推行深入专业的发展，大部分的同学大二后就不再参与社团，除非在社团中继续担任管理层，大三时有意读研的同学根据自身情况深化科研经历或者准备考试，有意工作的同学开始投入实习。此外，北师大毕业要求撰写毕业论文，因此所有人在大学生涯里至少都有一次执行科研项目的经验。

大部分台湾研究生同学需要通过考试来升学，因此大学部的成绩、经历与升学挂钩不大。但大陆的保送研究生制度给本专业同学极高的免试升学比例，我这一届全班有 30% 的同学可以透过免试管道径升本校、他校以及中科院的研究所，而保研的名额由在校成绩、社团社会活动、学术活动依照不同权重分配，其中在校成绩为基础，学术活动权重极大，社团社会活动权重小，因此若有读研意愿的同学很早就要依照保研要求调整大学生活的比重，以获取保研名额。尽管保研是一种对本校本专业同学的保护政策，但也限制大学生活发展的可能性。

回想起来，大学生活里很少有哪天是 9 点前就回宿舍的，无不是在自习或者是参加例会、社团活动。高中的时候很爱看动漫，上了大学再也没碰过动漫了，偶尔看几集美剧就很有浪费时间的罪恶感。但我只是众多心理学院学生的缩影，也是众多师大学生的缩影。图书馆 10 点闭馆，教学楼 11 点关闭，太多同学都是在教学楼自习带关门后回宿舍挑灯夜战。

毕业之前，班级里 70% 的人参与过本基、北创或国创。大家的生活里充斥着做不完的作业，读不完的文献，写不完的策划，处理不完的数据。大家聊天的话题也经常围绕于研究进度、毕业规划、实习感受。

回来台湾后才知道有所谓的"技术性延毕"的概念，原来延毕在大学生中有那么高的普及度与接受度。而在北师，延迟毕业并不是一个自由的选项，而是下下策，社会观感是负面的。我个人认为"技术性延毕"给学生缓冲的空间，也能鼓励学生主动控制自己的修课进度，好好利用是利大于弊的。

宿舍生活也值得一提，就我所知，台湾的大学宿舍是随机分配的，流动性高。但在北京的很多高校，同班级的人宿舍会被分配在一起，同一间宿舍的都是同班同学，基本都集中在同一栋宿舍的同一层楼，学校还会刻意将户籍打散，使得同一宿舍的同学都来自于不同地方。宿舍是大学社交的基本单位，同一宿舍的同学会一起上课、吃饭、自习等，即使大二后公共课减少，宿舍情谊依旧是大学生活的大靠山。从睁眼大家就一起刷牙洗脸，晚上大家也会聊聊今天发生的趣事，偶尔宿舍的夜谈聊点让人害羞的话题回想起来都是大学生活的美好回忆。虽然宿舍简陋，但毕业时每个人都舍不得离开。长期的宿舍生活建立起家的概念，毕业对大家而言不是学分修完，证书领了就结束，而是一个稳定生活环境的崩解，离开朝夕相处、如同家人般的同学。

台生考取大陆中医师执照经验谈

□吴旻禧

　　我是一名标准的在大陆求学台生，高中毕业后即来到大陆求学，学的是在台湾很受欢迎的医疗行业。初到大陆的第一天看着路标繁简字的转换对我来说实在是一个不大不小的挑战，而身为学生最困难的考验莫过于一开始要适应以往 18 年来不太相同的字体书写，从期末考卷满满的繁体字，老师们睁一只眼闭一只眼的批改，到后来将简体字写得工整流畅。虽然到的是语言相通的地方，但在文字上却有着说不出的差异，这对我来说，是一个非常特别的经历。

　　在大陆学习医学的台湾同学跟其他专业相比较多，学长、学姐也不少，听着他们的经验分享让我对考医师执照有了更多的期待。学习医学的目的就是要在将来成为医师，而医师在职业上是否合法，关键标准就是执照了。这个富有挑战性的关键时刻决定我们几年课程的努力后是否能够成为一名真正合法的医生。当然，医生除了拥有合法执照行医外，具备医德以及良好的医术对患者来说更为重要。从大学入学到毕业那一年，我经过认真的反复思考，决心要继续升学，而且是改往南方去就读。我本科是在天津市就读中医药大学，那里的气候跟台湾非常不同，冬天很长而夏天很短，几乎是没有春、秋的季节，不时有霾害以及沙尘暴。所以，我在2011年本科毕业后，选择考往上海。考研期间的准备以及入学考试、面试对当时本科刚毕业的我来说还是具有不大不小的挑战，备考上海硕士的时候，许多前辈都告诉我，考研考到上海，之后想考中医师执照就相对容易许多。虽然是这样说我心里还是有许多疑惑的，由于看着许多考了一次又一次的前辈，我对考执照还是不具有太多一次考取的信心。台湾学生在大陆考中医师执照有着非常奇怪的制度，就是实习交费用这件事。本科毕业必须再实习一年才能考执照，而不实习一年继续读研的话必须交给医院费用才能在研二的时候报考，实习费用依所报的实习医院不同而有价位高低的分别。看着同学去报名实习缴交费用，我的家人也劝我跟上进度，离开天津前我也去找国际学院老师报名，但老师以我不在天津为由跟我说我无法在研二的时候回天津考执照，到后来，我硕士毕业那年一次考上的时候我感谢老师当时的睿智。因为跨地区读研中医师执照只能在 2014 年硕士毕业时报考，由当时所在的上海三甲实习医院帮我们统一报名，且不收任何相关费用。考前的我其实非常担心，由于面临硕士毕业要缴交论文以及虽然毕业但我们仍然会回医院跟着老师抄方实习，执业医师操作考试是在毕业后的隔几周，这种压力对我来说有多么大可想而知，而我的个性又是紧张的时间超过读书准备考试的时间，好在我通过了第一阶段。顺带一提，我补习了，印象中补习是在考前一两天才将整本操作考试书中内容走过一遍，我很想说那重点不就是整本书了？我心想以前在台湾补习，老师都是负责抓重点的，在大陆补习或者平时上课，老师说考前要划重点，但就这 8 年读书经验来说，往往重点就是整本书。好在虽然绝望但考试结果却不至于令人失望，痴痴等了很久，放榜得知操作考试通过后才是整个执业医师考试的大重点笔试考试。准备的过程大约一个月，用的参考书跟大家人手一本的中医执业医师参考书是一模一样的，厚厚超大本一个月根本看不完，而我大概属于那种"大考大玩，小考小玩"的奇特性格，在考前一周我跟朋友去外地参加了一场婚礼，在途中已经考试通过的同学分享了秘诀给我，就是"考前睡得饱，考试用力猜"，这秘诀真的有效。因为我已经非常努力地写了一半以上的参考书题目，考试的题目绝对不会让你发现有任何一题有重复，所以考试真的就是靠平常的累积，以及考前几天的努力冲刺，以及考试当时的好体力。当2014年12月31日跨年的那天晚上，我和爸爸在台湾看着网上放榜，每开一个网页心脏怦怦地跳动，最后结果——我通过了！

一切都值得了！我是一名合法的中医师了。然而，这只是成为一名医生的最基本标准，未来漫漫长路，同志还需要努力，而我坚信病人是我们临床上最好的老师，让我们这群带着医生梦的孩子可以自由地发挥，尽情地向前迈进吧！

脚踏实地参加港澳台联考

□刘轩铭

2016 年，才时隔一年，联考的记忆就已经变得模糊（或许大学学习压力太大，港澳台联考已经被我忘到九霄云外）。但沉淀下来很难忘记的，才是最本质、最有用的信息。这里主要讲港澳台联考，文章偏口语化（废话略多），我讲清楚点，仅供参考，自己甄别，也好培养自己独立思考（重要）的能力，且听我一一道来。

大陆以小升初、中考、高考为龙门，鲤鱼跳龙门，三个考试可以使你在同龄人中脱颖而出，当然你得有好成绩，少部分可以出国留学，你得英语好和有钱。现在全国乃至全球的教育资源都有个特点，像资本主义的钱一样高度集中，贫富差距很大，所以可以上好的学校，就一定要上啊，个人的肺腑之言啊。

先讲一下我的背景，很小就来到江苏（没错就是江苏，全国高考看江苏）学习，从小成绩不错，初三承蒙老师的帮助，学习状态很好（现在回看很羡慕），脚踏实地，有不会的题目就弄透，初三爆发了一下（源于厚积），再加上中考有加5分，使我能够考到我们那里一所很有名的高中（母校三四百人录取了15个，我是最低分进的）。升入高中，因为自己暑假非常之堕落，一进去考试，直接倒数第一啊。心想为什么不上原来的高中，进去没准就是第一啊，后来想想非常可笑，我联考考取的大学比原来那所直升高中的第一名所考取的大学还要好，名校的本一率也是碾压原来高中。

升入高中就是新的篇章，大学亦是如此，升学前的成绩好，不代表升学后就好了，最多基础好。要学新的知识和适应新环境，不然北大大一高数怎么挂科这么多。教育资源高度集中，名校不仅能使你再进名校，还可以带来一个人素质的全面提升（所处平台的提升）。高一兢兢业业，成绩能到平均分了，高二听闻了港澳台联考，简直迎来了第一春，认为联考简单，自己也就变得很松懈，提升不大，回头看看，有点可惜。

到了高三下学期，我去了燕园补习班三个月（安利一下江苏的燕园补习班，我参加联考那年出了两个状元，都是我战友，广州的华兴也很有口碑），成绩有提高不少。这里说一下，家境还行就参加一下补习班，当然也有自学大神。补习班有经验，有联考的环境，还能交到战友啊。待在原来高中拼搏高三，不一定好（心中会有落差，心境调整不好，考的知识也不一样）。你可以像我一样折中，高三下半学期才去补习班。讲下理由：一、补习班学费相比较略贵（可能初高中学费很便宜），自己从没花过这么些钱在自己身上，很是心疼，最后拿了个奖学金略微好过了一些。二、在高三上学期耳濡目染了强化班的奋斗，下半学期想着学费那么贵，悠游度日多可惜，再加上有一众来自港澳台侨的战友，不认真一下多没意思。三四个月没回家，周六日也没怎么出去玩，最多看看手机，让自己处在军事化管理下，没有刻意拼搏，踏踏实实慢慢来，学了新知识复习旧知识，仅此而已。但是折中有个坏处，时间很紧，基础要求比较高。

或许有人认为我太书呆子了，多苦闷啊，那大错特错。可能只是习惯成自然，就没怎么在意。其实本人很散漫的啦，知识面很广的。一个坏爱好就是爱玩电玩，可以说是个习惯，从小就很孤单，电脑是我的朋友。每个人有每个人的选择，或许没了这个习惯，我会成为学神，考入清北或者出国，也或有其他的坏习惯，但可惜我就是个这样一个爱玩游戏的人，但要学会在恰当的时间做恰当的事，比如进入补习班三四个月，就没玩过游戏，养成自控的能力可以说是终身受益的。

最终的成绩是 622 分，我的志愿是中国科学技术大学，历史上就两个港澳台生（加上我）。考试前就已经有很大把握能考上，就是这么自信，一切都是水到渠成，源于脚踏实地的学习。在我看来，港澳台联考对于在大陆能考本二、本三的，无异于雪中送炭，400 分就能上一个不错的一本了；对于本身就有一本或重本实力的，港澳台联考就是锦上添花。本来 211 的可以 985，本来 985 的可以冲冲 C9，但得注意分数，这几年好学校的分数普遍在提升，越来越多的港澳台生熟悉大陆的考试，经受住大陆的高压教育，联考对于他们如鱼得水。

学习篇——讲到学习，头大啊，每个人都有自己的学习方法。但不代表不要学习别人的，有了大量借鉴才可以调整出自己的学习方法，高中、大学不同阶段，也会有不一样的学习方法。大家可以自行知乎、百度，学习方法太多了。要我说就是仔细预习、好好上课、认真完成功课、及时回顾、定期大复习，有问题一定要问老师，给了这么多学费。只要花时间、花心思（一些人一直坐在课桌前，花了大把的时间，却没用心，发呆啊、神游啊，很没效率还不一定有好结果，学习要花心思有体悟，体会到自己的成长，也有动力学习），坚信一定能在港澳台联考中考上 985 的。把每个考点摸清，专项练习，往年真题做了，摸清出题思路，何愁分数不高？还有就是别偏科，我就是吃亏在英语，较同水平的竞争者少了近 20 分。现在回看，实在可惜啊，没准把单词背熟了，就上去了，而且英语在以后的学习、生活、工作中至关重要，可惜我没能早意识到其重要性。

选学校、专业篇——很重要的是你得有对自我的了解，但很多人没有，包括我也没有很深刻地剖析自己，太难了。填志愿要顾及大学的档次、位置、学风、声誉、男女比例（我的学校男女比例是 6 比 1 左右，当初报考不知道内心是怎么想的，一朝误入此校中，从此红尘了如空）等，专业的发展前景、排名、方向、师资等，自己的兴趣，对某专业、学校的情有独钟，父母的意见，家族的帮助，每种因素综合考虑，比重因人而异。你得要花时间充分了解，从网络、校友、学生、老师多方面了解，就会有自己的选择了。港澳台联考是先填志愿，后考试。所以填志愿分两种，保守和想在最后两个月拼一下的，填报前做下以往的真题卷，估一下分有个定位。

想拼一下的，第二志愿得多花心思，每个学校政策不一样。我填报中科大比较保守，或许当初填报清华，没准就上了（离清华差了9分）。本来以为中科大学生相较于清北应该弱一点，后来发现自己太天真了（了解的仍是不够多），"穷清华，富北大，不要命的上科大"。中科大里有不少清北落榜者，更有不少天赋异禀的小朋友（好吧，我得叫声学长、学姐），一大众高中竞赛党，我第一学期惨到极点，第二学期低调做人，从此天天苦读圣贤书，假期是路人，成绩才好看了不少。中科大这么多刻苦的同学，换来的成绩是：合肥这样的二线一般城市，出国率全国最高，而且长期保持第一，不少同学有奖学金。

不少港澳台生到了大学更加刻苦，也有不少堕落。考上好大学，绝对会更忙、更累，而且在大多数大学，港澳台生没有优势，必须要跟大陆生竞争。什么"到了大学就解放"，只是高中老师善意的谎言。

考试篇——个人想法是：对于考试，实力才是真的，应试技巧我不在行，可以知乎一下。就像武林高手对决的时候，一力破十会，有了底子，技巧可以发挥更多的加成；若是技巧太多，反而手忙脚乱。考前注意休息是真的，但我的个性就是一遇大事就紧张。第一天考试前晚上几乎没睡，午觉也没睡好。但是数学我硬是检查了7遍，真的简单啊，足见实力的重要性。知乎上有各种治失眠的方法，个人实践挺有用的，很科学，睡眠是个大事。

文中有打广告的嫌疑（报考中科大，请慎重、慎重再慎重，多少泪，断脸复横颐，除非你想从事学术），还望各位多多包涵，举例子，当然是举母校才最真实。限于篇幅不能完全解决各位困惑，有问题的"童鞋"可以联系我，注明一下信息，我很乐意帮助你们。

找教职前先兼职

□黄裕峯

　　台湾学生在大陆，尤其是博士生，毕业后如何找高校教职？我的经验，就是要在博士生期间踏出第一步，先找兼职教书工作，累积一定的教学实务经验后，自然能提高毕业后找到教职工作的概率。

　　我硕士毕业时就尝试在大陆找教职，当时大陆正处于经济高速发展的阶段，高校教师的待遇不高，去业界赚更多，所以愿意留校教书的人很少，另外，基础建设未普及，境外教师多是望之却步，也很稀缺，如果想当高校教师形势很好。我选择逆向操作去西北的高校教书，985学校毕业加上自己还有几年的业界经验，以为一切都会很顺利，没想到，投简历的过程很不顺利，连自掏腰包去教书都没人要，被拒绝几次后，选择放弃。回想当时失败原因，主要是对大陆用人制度不熟悉，加上没有调查做功课，空有满腔热情，却不得其门而入。

到了博士生期间，又主动出击，投了几次兼职的简历，还是不得其门而入。后来据大陆的学长学姐分析，这样的方式不一定有效，属于台籍的我，还是透过认识的人介绍比较好。于是，我就将愿意兼职教书的消息让同学、学长学姐们知道，很快就有人推荐我兼职。虽然还是遇到临时被替换的情况，但是，第一次很快就来到。总结起来，可能与我所学专业是新闻传播有关，新闻传播在大陆还是比较敏感的专业，所以更讲究"知根知底"。而如何让别人对你"知根知底"，时间是一定需要，自己穷着急也没办法，应该在别人认识你的时间内，广结善缘，多做少说，建设多于批评，才气大于脾气。

要想"知根知底"就必须要有一个认识的过程，所以，兼职教书是一个很好的起点。认真说起来，兼课以前，我先从讲座、代课开始。我的博士生同门、同学、学长学姐知道我的情况后，都很愿意给我机会。所以，我就开始有了在复旦本校、同济、上海体院代课、讲座的经验。然后，就有机会认识系主任或是院系主管，如果他们愿意听你的讲座，你正式兼课的机会就来了，兼课机会来了就好好把握。其实，大陆的学生看到台湾老师也很新鲜，加上我们很珍惜得来不易的机会，认真对待每一次教学，所以，期末评价比预期高，就能继续受聘。

当然，自己的导师介绍是最好。导师后来介绍我的高校兼职工作，甚至连住宿都替我解决，要知道在上海最难的就是住房，住房比就业更难解决，同时，校方也很重视，让我参与很多重要活动，不把我当"外人"，发挥空间很大。

每人不同，但我的经验告诉我，多数事情都无法在第一次就成功，所以，经验是一件很重要的事情。虽然教你的人的经验不一定百分之百可以重复操作，但是，却具有一定程度的借鉴价值，一定要感恩这些朋友。最后，我想提醒：知根知底外，愿意付出也很重要。人心都是肉做的，真心换珍惜。

准备高考经验分享

□ 徐培原

我从小学一年级来到大陆读书，小学是在杭州的保俶塔小学读的。保俶塔小学算是当地比较好的小学，离家也特别近，于是家里缴了些所谓的"赞助费"，就顺利和大陆小朋友们一起上了一年级，当时 7 岁。在我小学三年级的时候小学与初中合并，然后变成了 9 年义务教育，组合起来称作保俶塔实验学校，于是躲掉了人生第一次大考，也就是小升初的考试，大陆俗称的初考。

上了初中之后渐渐感受到了中考乃至高考的压力，学习也紧张了不少。台湾人的身份并没有给我什么加分，也没有什么扣分，我就像其他同学一样听课，写作业，考试。在初三那一年因为几次统考成绩还不错，顺利保送了理想中的高中。在保送的计分规则里，台湾生是可以加 2 分的，其他成绩换算是总分 100 分。就算我扣掉 2 分还是能上我理想中的高中，但是，我第一次因为台湾生的身份被同学用另外的眼光看待，同学每每说起我保送，总要提一下我是因为台湾生加了 2 分，如果他也能加 2 分，可以上什么样什么样的学校。

到了高中，基本上和初中的轨迹是一样的，对于我这样没有经历一次真正意义上大考的人，似乎什么都没有改变，初中转高中只是换了教材和同学而已，甚至教室的装潢也没什么差别。有区别可能也只是大家对于港澳台、华侨学生已经见怪不怪了，因为和我一样的港澳台学生多半是中考或者保送的，不像初高中可能是交赞助费中途入学，所以在学习上与其他同学并没什么不同，一样参加统测与会考。

直到我知道原来港澳台学生和华侨部分大学可以直接申请，其余大部分只要参加港澳台联招考试就可以入学，而且入学之后和正常高考的学生相同待遇这件事后，我马上放弃了机械的高三复习备考，因为高中课程在高二下其实就已经结束，于是我就和高中学校商量高三直接去厦门大学的国际教育学院就读联招考试的补习班。因为我理想的大学也是厦大，查这次补习班的资料，师资方面也比杭州的本地补习班强很多，而且可以直接一整个班拉去福州考试，一条龙服务。

高中学校也很理解我的决定，尽全力协助我高三暂时离开学校，但保留学籍的手续操作。在高二升高三的暑假，我就和妈妈在厦大西村的大学城租了间公寓准备补习班的课程。

当年的补习班和现在不一样，现在搬去了翔安校区。当年直接发了厦门大学的学生卡和长得一样的学生证，在本部真的觉得自己已经被厦大录取。每天是早晚两大节讲座式的授课，与大学的授课方式比较像。请的都是出高考卷级别的老师，会有复习资料，但是直接给答案，老师不布置作业。经过大概三个多月的学习，我就参加了港澳台华侨联招考试，监考和考场布置如同一般的高中统考，卷子的题目也基本上是前几年的题目改一下，难题的数量不多，大部分都是很基础的题目。英语的文章会比较长，但是文章之后的题目很少。数学会考一些大学高数 E 的内容。如果高考水平按 100 算有 70 分，基本上联考可以拿 85 分左右。不过要提醒大家，这只是我个人对当年考试的看法。可能现在完全不一样了也说不定。

然后很重要一点是，高考是先出成绩再填志愿，联招考试是先填志愿再考试，所以基本上考完就很省事了，可以放心出去玩，然后让家里等录取通知书，通知书到了就和其他同学一样入学。

　　进入大学后，理论上是只要你不和别人说你是台湾人，大部分人也分不清厦门人和台湾人确切的差别，也没太多人在乎你是怎么考进来的。专业课还是得靠自己，台湾生可以少修政治相关的课程，其他和大陆生一样，考试不及格一样要重考，学分修不满一样不能毕业。

　　所以从目前看来，台湾人的身份对于我来说在学业上除了多交了一些赞助费，真的减轻了很多如果我作为本地生要负担的压力。在本地生看来，台湾生的存在的确不公平，但是只要心态上看得开，别人也不会太在意你有什么优惠，特别是大家都没什么特别的东西可以炫耀的时候。

中国大陆与美国读研究生的经验

□ 陈雅婷

因为姐姐是留美建筑硕士，当我从淡江大学大众传播系毕业后，在她的鼓励下，我决定去美国读研究所。考完了托福和 GRE 的考试，写了自传和读书计划后，就开始申请学校。很幸运地，我收到多家学校的录取通知。最后，我选择了位于曼哈顿的纽约大学（New York University），开始我的留美生活。三年留美生活是我一生中最快乐的时光，我可以自由地学习，学习自己感到有兴趣的任何课程，这种没有任何约束的学习氛围，实在让人终生难忘。

纽约大学毕业后，我回到台湾，任职于《当代设计》杂志社，担任行销企划部经理。不到两年的时间，凭借着优异的业绩和海归的光环，就晋升为副总经理。在平面媒体工作是我从小的理想，七年的媒体人生活快速紧凑，一转眼就过去了。

后来结婚，嫁到大陆，定居在苏州。婚后在一个外资企业担任管理工作。一般企业的工作节奏和媒体相比，自然缓慢许多。大陆企业和台湾企业相比，风格更加保守。大陆企业一般希望员工按照原有模式进行照做即可，企业的管理较多诉诸文字化的管理制度，出现一家公司大大小小的管理办法就多达800多份的情况。习惯挑战创新与变革的我，无处发泄多余的精力，决定回去学校再学习一个专业。另外，我觉得透过读书了解大陆也不错。

上网百度发现，华东地区心理学最好的高校就是上海的华东师范大学，应用心理学领域最好的教授就是徐光兴教授。于是，我便定下一个新的目标，要到华师大跟随这位知名教授学习。

我潜意识中对以前留美学习生活是有一定的缅怀和眷恋的，美国读书与中国大陆读书有许多差异，这些差异有正面与负面。这里我并不只想说美国的好，中国大陆的不好，而是，当你决定来大陆求学，应该事先明白有哪些优势，比如：学费较便宜、语言相通、离家距离近、以后就业方便等。但是，我想让你明白——特别是女生——你可能面对的差异，事先知道，总比事后再后悔好。如同，当我从接到华东师大应用心理学硕士的录取通知书后，一系列的考验才真正开始。

首先是对于报名身份的认识。我报考时在报名表上选择的是"兼读制"的硕士，但是研究生院的老师表示："心理学专业没有兼读制，只有全日制。"当时被通知录取的我，真的悲喜参半，只好向单位申请留职停薪，改成"全日制学生"。这点务必要事先弄清楚，很多时候，报名表跟学校各学院各学系的报名情况是不匹配的。

第二，选课上的差异。中国大陆的研究生选课和我在美国的经验全然不同，其分为专业必修课、专业选修课和跨专业选修课。表面上看起来，似乎能依照个人意愿进行选课，但因为选课必须先经过导师确认，加上有教授不允许其他教授的学生来选修甚至旁听他的课程，所以，选课的选择空间相对于美国不大。美国选课是学校任何学院开设的课程或其他高校开设和专业相关的课程都能选。

第三，先去查看学校宿舍是否符合个人生活习惯。纽约大学的软硬件都非常进步，早在近二十多年前就开始使用电话语音选课及网络选课，先到先得。图书馆、教室和宿舍都是高大上，让人喜欢的环境。华师大的校内宿舍四人一间，比较拥挤，加上要共用浴室和厕所，且厕所是老式一条沟，女生会比较不适应。我当时心里就想打退堂鼓，立刻离开那里。

第四，毕业论文中国大陆较硬性，美国较弹性。美国读研有关学生是否写毕业论文，论文占几个学分，都能和指导教授商量，可以依照学生的意愿与指导教授的决定而定。中国大陆的规定都是白纸黑字，根据新生训练时发下的《研究生手册》，所以一定要详读，不要随便丢弃。

第五，中国大陆学习紧凑，压缩时间；美国按照个人节奏，课外活动多。美国老师鼓励学生除了学习以外，还要多多体验当地生活，学校规划许多活动，带学生去菜场买菜、过感恩节、采摘苹果、赏枫、学习煮圣诞大餐等，非关书本研究的活动较多。中国大陆读研究生除了学分课，还要求实习课和课外讲座的参与次数，从周一到周六课程都是满档，一刻也不得闲。最后，中国大陆学校的食堂吃饭时间人实在太多了，这点美国吃饭悠闲点，但是价钱却比大陆贵多了。

在上海读研究生的经验和在纽约留学的生活截然不同，我体验两地的教育体制，也经历了两地学校的相关规定及各种考核。感谢这些特殊的经历，中年背起书包重回校园的生活也丰富了我的生命。也希望为犹豫应该去何地就读研究生的年轻朋友提供参考。

我在北大减肥成功

□张列夫

2012 年我刚入学北京大学的时候，从学期一开始就已经有蛮多学生在图书馆里用功读书，这种光景在台湾是难得看见的，大陆学生的学习气氛果然名不虚传。记得是 9 月 1 日那天，我单独一个人走在校园，无意间进了邱德拔体育馆，那是 2008 年北京奥运会乒乓球项目的指定场馆。进去后，我感觉非常气派，而且有运动迷的气氛。当时的我，其实是一个胖子。一想到我 20 年的空手道训练成果，如今都付之东流，就想再度参加空手道社，恢复往日雄风。走着走着，突然发现了健身房里的男男女女，他们都在使用邱德拔体育馆的各种运动设施，其中健身器材非常完善。因此，我决定天天来运动，保持好体能。此时的我还不知道这件事会带来什么变化，我就开始了在北大运动生涯，完全没想到，一年之后我竟然减去了约 56 斤 (大陆 1 斤等于 0.5 公斤)。

刚上跑步机的时候，以速率级别 6 快走 5 分钟，膝盖便发出咯吱咯吱的摩擦声，然后气喘如牛。坚持一年后，我能以速率级别 14 的快跑速度持续跑完 30 分钟，且如家常便饭。有趣的是，我观察了每天都来跑步的人，他们的腿都非常瘦长，一周来一次的人中等，偶尔出现的人腿很粗。再者，其他的健身器械我也尝试去使用：例如：手臂上下拉伸，扩胸拉伸等运动，最初的两块铁约 20 磅重，吃力地拉伸 20 次便想休息，感觉到肌肉紧绷得不得了。后来，无论是拉伸重量还是次数都以倍速成长，我的肌肉也从严重酸痛到被激发出更大的潜能，显然是很大的一种进步。

当然，我的运动项目除了耐力 (慢跑) 跟肌力 (器械) 训练，最特别的就是瑜伽跟拉筋。有一次我看到北大体育专长生在拉腿，我便询问要一起练习，她们十分乐意。跟着北大体育队的同学练一字马劈腿，对一般男生而言，是几乎做不到的事情，尤其是对非体育专业的人来说。一开始拉腿，我感觉我的下盘要被撕裂，但是努力了一年之后，虽然没有一字马，但我的拉脚已经超过我的头的高度，有约 170 度的拉伸。就这样，北大健身日记持续了一年多，从 2012 年 9 月到 2014 年初，几乎每天运动 2 小时，有一次最高运动了 6 小时 (健身、打篮球、空手道、运动场慢跑、游泳)。感觉一天就在体育场上度过。这是我生命中最快乐的时光之一。

书海无涯，我相信读博士学位的同学们压力都很大，都想写好论文在国内核心期刊上或国外 EI 或 SCI 或 SSCI 等期刊发表。获得健康的我，身体轻盈，气色很好，学习起来也更有劲头。运动是一件很棒的事。我也常常鼓励同学在读书之余坚持运动，因为身体健康是革命的本钱。

华侨大学求学之路

□李杰卉

我是一名在大陆就学的台商子女，2016 年刚大学毕业。从小学到大学的这段时间，最大的感想就是：学习时间较长，学费较高，户外及动手实践的机会较少。

从小学开始，一般的私立学校需要交纳高额的学费，但公立学校却只接纳成绩优异以及当地户籍的小朋友入学。另一种，是专门为我们台商子女所设立的台商子弟学校，学校的教学方式以及课本的内容，完全是按照台湾的体制去安排的，在校任职的老师也是从台湾分派的。但是相对地，学费也比较高，与一般私立学校差不多。这样一来会让许多的台商父母承受较大的经济压力。

然后就是初中和高中。在大陆，一般的初、高中属于半封闭的教学方式。所谓的半封闭式教学就是采取学生住宿的方法。让学生跟老师、同学更亲密地在一起。从初中开始教学的内容就和台湾教学的内容有不少的差异。但是我个人认为，这些差异对我们的未来并不会带来不便。不同的教学方式本来就会让人从中吸取不同的想法及观点。而我们这种从小远赴异乡生活的人，更加能够在两者的差异之间取得更加中立的观点。

接着就是关于住宿的问题，我认为住宿可以使小朋友除了上课之外有更多的交流，能够更快地融入群体，生活不再依赖父母。我认为这或许是许多大陆的小朋友会比台湾的小朋友更早学会独立的原因之一。许多爸爸妈妈会担心在子女大陆读书升学的问题，其实在大陆有专门为我们这些台湾、香港、澳门及外籍小朋友所设立的考试，俗称为港澳台联考。而且有部分学校还会对我们这些境外学生进行单招。我认为这是个非常难得的机会。我们考试的内容会跟大陆的考试内容有所不同，分数线会低许多。这是我们境外学生极大的优势，所以身边考上名校的同学不在少数。

最后讲讲大学的部分。我是一名华侨大学毕业的本科生，我们华侨大学最大的特色就是自由、自主性高，并且所接触的人群覆盖面较广泛。这里有许多来自世界各地的同学，便于各国之间的文化交流及了解。华侨大学是我非常热爱的母校，所以也希望有更多的学弟学妹们能够在这所大学里发光发热。有兴趣的学弟学妹们，在填志愿的时候务必要填上我们的学校，并且达到该年的录取的分数线哦。如果联考成绩不理想，不要气馁，我们学校有对境外学生进行单招，不要放弃了这种宝贵的机会哦！想从台湾转学到我们学校的同学，可以拿转学资料在我们学校进行抵分的动作。虽然我们华侨大学不是大陆数一数二的C9学府（C9：九校联盟），但你选择了它却终生不会后悔。因为，我们学校非常照顾我们这些境外的学生，如果成绩优异还可申请作为交换学生，有回去台湾的机会，更有日本等地的知名大学提供交换名额，可以去进行交流。最吸引我们学生的就是，学校为成绩优异的同学提供机会报名"寻根之旅"，所谓的寻根最初的用意，就是告诉我们，我们都是中国人，无论身处何地都不要忘记这一点。这个活动中，只需缴纳1000~2000元人民币不等，就可以到学校规划的路线去参访一个星期，包括酒店、机票、保险等。我认为这是个可遇不可求的机会，可以在读书期间到外地实践，开阔视野，是学校活动，所以既安全又省时。

以上仅仅是我对这些年来就学的一些经验的分享，希望能帮助大家。

我在中国社会科学院世界宗教研究所求学

□张智为

    中国社会科学院世界宗教研究所，顾名思义是一间研究机构，进一步了解会知道它的历史是源于 1928 年的中央研究院。1949 年后，留在大陆的中研院院士成立中国科学院，之后其哲学社会科学部独立为中国社会科学院。里面的学者是当代人文社会科学领域的佼佼者，其中最大特色之一，就是研究机构成立硕博士班的研究生院，招收硕博士研究生。好处是由学界佼佼者可以将学术知识传承，研究生可以站在巨人的肩膀上扩展学术视野。该院虽然不是大陆 985 的顶尖高校，但是指导教授皆是大陆的学术佼佼者，所以依然是各地的精英人才重点选择的研究生院之一。

    社科院宗教所博士班，一大特色是归属于哲学部，由三个院所组成，包含哲学所、世界宗教研究所、马克思主义学院。

学部要开设学部基础专业课，依三院所的学生比例安排师资。中国大陆的哲学思想首重为马克思主义，而且社科院又是国家重要思想教育基地，因此招收学生最多为马克思主义学院，其次宗教所是哲学下的二级学科，与一级学科的哲学所相较较为次，因此课程比例安排马克思学院六堂、哲学所六堂、宗教所三堂。哲学是一切科学之始，对于一位台湾学生而言，这是了解大陆人思想的前沿。

　　大陆从小学教育开始，以马克思主义思想观融入教材当中，到中学有共产党的相关组织体系共青团，学生 18 岁后可以申请入党，并且党是学生自治组织的最高指导。而马克思主义思想着重历史唯物主义的辩证方法，仅认同物质有历史可追溯的史实，对于唯物以外持有很大的否定立场，因此宗教学相关研究属于较敏感议题，在学习研究上侧重于现实社会面，或历史文献的探讨。

　　虽然是冷门研究领域，却是与当地同学互动的热门话题，在聚会活动中是大家热烈讨论的范畴。主要有几种特质的同学会有兴趣，首先是有部分同学具有宗教体验，对于宗教的讨论会涉及神秘性议题，互相分享自己的经验。其次，有部分同学是完全无宗教体验，或者生活周遭完全没有见识过宗教活动，对宗教不明确或怀疑，当参与讨论时会表现出惊讶且难以理解的疑惑样，往往是开创认知的新领域。以上两类群体会自发组织前往宗教场所参访。最后有一群是最深入马克思宗教观的群体，对于宗教议题讨论会有不同于一般的发言，会针对时事上争议性的宗教活动探讨，套用政治、经济、文化等学科领域的知识来剖析。面对上述任何群体的讨论，身为宗教自由环境中成长的台湾人，务必要跳脱单一宗教观思维，以台湾多元宗教互动的经验分享，避免陷入单一敏感议题当中，因为海峡两岸制度不同，大陆的宗教活动由相关宗教部门严谨管理，个人宗教行为须符合当地管理规范，勿用个人思维解释他人宗教信仰，免惹争议。

我打的预防针最多

□ 黄柚米（口述）

柚米 2011 年在台中出生，属兔子，是两岸婚姻家庭的长女，妹妹则是在大陆出生。跟有一批小孩一样，柚米从小跟着爸爸妈妈到处搬家，台中、上海、江苏、厦门、金门，偶尔还要去国外，就这样跑来跑去，一直到两岁半的时候，爸爸决定让她在厦门上学。柚米还不会写字，以挑选图片配口述说明的方式分享自己在托儿所的生活。——编者注

我觉得很伤心，我打的针比同学都多，因为医生阿姨建议爸爸妈妈："每个地方都有不同的流行疾病，在哪里生活就要配合当地的预防针设计。"所以每次回台湾就是打针，在大陆也不能少打。

我们挤作一团的时候

第一天放学时候的我

穿鞋子比赛我是第一名

我们一起去野餐

返台就业是北京经验的延伸

□黄湘凌

结束了 3 年在北京清华大学美术学院艺术史论系就读硕士班的时光,并取得硕士学位后,原本想一毕业就回到台湾发展的我,得到友人的建议:"都从台湾来到大陆求学了,具备大陆地区求学经验和就业经验,未来若是回到台湾或者去海外其他地方发展,会较有优势。"于是,2014 年下半年,开启了我离开校园后长达 2 年的北漂生活。

由于自己学的是文科专业,而系里也有不少学长姐、同学们毕业后从事艺术类杂志编辑、美术馆策展人或博物馆馆员等文职工作,于是我请一位从事艺术杂志编辑工作的同班同学帮助我留意相关工作机会,因缘际会来到了一家位在北京的文化公司,负责图书版权的引进。

一开始我对于"引进版权图书"的工作内容没有任何概念，后来，在公司主管的带领之下，我参加了 2014 年北京国际图书博览会，和同为中国美术史专业的博士师兄兼同事——也就是我的这份工作的间接介绍人，一起在会场搜集艺术类图书的信息。而身为版权书专职人员的我，在 4 天的展会期间，天天到场，通过实地参观一年一度的北京国际图书博览会，了解大陆乃至全球的图书市场，同时开发各个图书版权代理公司的资源，并积极与各版权代理公司人员联系。

很顺利地，从事版权工作约莫半年后，我逐渐熟悉了版权图书引进业务，截至 2016 年 6 月份我自这份工作离职为止，2 年的时间里，我与大大小小近 10 个版权代理公司进行了业务上的合作，经手引进了艺术类、社会科学类图书，合计近百本；所引进之版权书的语种也十分丰富，除了最为常见的英语书之外，还有德语、法语、意大利语和日语等书籍的引进。

由于许多方面因素，我决定在 2016 年 6 月份结束 2 年北漂生活并回到台湾。对我而言，家是永远的避风港。正所谓："在家靠父母，出外靠朋友。"我很荣幸自己在北京结识了许多在危急时能够互相帮忙的朋友们。而在回到台湾就业发展后，我与大陆的连结也并非就此断线，很幸运地，因为有这 2 年的版权工作经验，我如愿进入了台湾的一家影视公司，继续从事熟悉的版权业务工作，一年到头也固定会到北京、上海、深圳等亚洲大城市参与各大影视展，进行影视版权业务的洽谈。因此，我与大陆的缘分，还深着呢。

作为北大课程助教的教学经验

□许晋铭

　　笔者于台湾政治大学完成硕士学位以后，能直接赴北京攻读博士学位，首先要感谢诸位师长的鼓励和支持，让我毅然决然做了这个决定。由于博士已经处于学术的高级学习阶段，除了研究上的提升之外，也要开始磨炼自身的教学经验，因缘际会之下，在北京大学求学期间，我担任了两门课程的助教，分别是大学部的"国际政治概论"与硕士班的"西方国际政治学"。北大学生往往是大陆各省中翘楚，作为台湾籍的助教更应该在备课上多做准备，我也精心设计了自己的授课大纲，希望将自己的知识教授给同学。

　　对于大学部的课程，虽然需要花时间备课，但总是游刃有余而且感到有趣，每每能从同学的提问当中，发现自己过去未曾深思过的问题。大学部的同学处于知识积累的阶段，因此课程目标上以传授学术知识为主，而后再辅以学理推断以及价值观量尺的建立。看见同学们的学习和成长，就是我最高兴的，也发现个别同学深具学术潜力，感受到北大本科生的优秀材质，这些都是学术上很好的苗子。大多数同学只要讲一遍就能记住，交上来的作业也很不错，大一同学写的有大三、大四程度，大三、大四同学也有硕士一年级程度，相较起大学时期的自己，有种自叹不如的感觉。不得不说北大的本科生优秀，教起来得心应手而且很有成就感，看见同学们一点点地进步，便是我们教学的无穷动力。

　　硕士生的课程是较具深度的"国际关系理论"，学生的层级提升了一个档次，需要花更多的时间备课。学期初期，差不多五个小时便基本完成备课，但硕士班同学成长的速度很快，作业越写越好，提出的问题也越来越有深度，到了学期中，甚至八个小时都准备不及。如果是一直在台上讲课，自然可以备稿侃侃而谈，但硕士班课程是鼓励同学提问的，就需要应对突然而来的各种问题。我作为助教，虽然自己也还是学生，但是毕竟是博士研究生，内心想尽量避免出现在台上说出"我不知道"的情况。我原来的知识储备水平可以应对大学部，但层级一旦变成硕士生，开始感到力不从心，也因此督促自己跟随同学一起进步。对我来说，这是很重要的经验。

主导全班的上课情况，需要对每一位同学有所了解，然后对同学的观点和延伸做出评判。课堂上所有的人都看着你，而且你嘴巴说出来的话，是所有人在向你聆听学习的，一旦讲述错误便是误人子弟。我采取的是以前在政大东亚所关向光老师的教学方式：每周指定写一页纸的摘要，然后上课时请同学们简短报告，而后做出总结和补充，并每位同学的摘要作品，最后上传到公邮给同学们互相观摩学习。

另一个挑战是我必须同时记住二十位同学的作业内容与他们的观点、缺陷为何，这件事情需要庞大的内存；而对同学的口头报告做出总结和补充，并回答同学的提问，需要高速运转的中央处理器。作为一台"会跑会跳的人类电脑"，真心"内存不足"而且"中央处理器运算缓慢"，每次上课脑神经系统都是超负荷运转，需要休息一天一夜才能恢复。另外，课堂上必须保持头脑清醒、情绪平稳，让自己保持在"状态内"，台下学生走神，做老师的不能走神。再来是身段拉不下来，在专业知识上不好说"我忘了"或"我也不清楚"，任何时候必须维持自己"儒雅"而且"胸有成竹"的形象，因为同学们在学习你的知识的时候，也无意识地在学习你的行事风格。

　　学生们眼中的助教或老师，都是学术上很厉害的人物，但作为助教或老师同时也有自己需要突破的困境，无论是学术上的自我提升还是待人接物。每当在学院遇到同学，就从原来的"傻乎乎恍神"的年轻小伙，瞬间变成"谦冲自牧、温文儒雅"的助教形象。作为助教或者是老师，在课堂上拥有权威，可以指使同学回答问题或享受仰望，但我不会特别去享受这个过程，因为我认为硕士生学弟妹也就比我小上几岁，是要提携或者共同成长的。虽然我更喜欢同学们称我助教或学长，但还是有许多同学叫我老师，他们会无意识地怕我，或者跟我说话感到不自在，即便我不是爱摆架子的人。

　　曾有位台湾朋友故意挑衅问我，我在北大当助教给学生教学，这样算不算在帮大陆培养未来的精英？我微微一笑，我一个"学渣"怎么培养大陆社会的精英呢？更何况大陆的老师们也培养我一台湾学生。这里是学校，任何授业者对于渴望求学的晚辈，必然都会有一颗以诚相待的心，我也不会因此有所藏私，更何况我期许自己将台湾观点带给他们。北大本科生最具潜力，只是年纪太轻；硕士生潜力略逊一筹，但层级已经上去，也会独立思考做出分析判断，若助教讲述错误，个别优秀的同学必然能够发现。硕士班同学在成长的同时，也督促我自己不断提升，不能落后于同学。

　　由于学院在教学的要求上一视同仁，并不会因为台湾人的身份而有所不同，作为学院助教成员中极少数的台籍学生，需要付出比本地生更多的心力，才能获得同样的效果。由于海峡两岸国关学界对于诸多议题的看法不一，评判国际事件的价值观量尺也不同，我认为我必须要能了解大陆学界的看法，告诉他们大陆学界的主旋律，而后再辅以海外观点予以他们评判。简单来说，作为助教面对每一位学弟妹，给予他们的不仅止于学术知识，还包括精神上的鼓励和支持，看见他们的成长与提升，这便是我最高兴的事情，也是我为了下一堂课程备课的动力泉源，与君共勉之。

参加两岸青年创业论坛的感受

□杨嘉承

　　我现就读于北京大学国际关系学院，研究生二年级，修读国际关系专业。在北大的生活，不仅是充实自身知识的求学之旅，也是探索大陆青年状态的感受之程。2016 年 3 月，我有幸参加了天津市人民政府台湾事务办公室举办的两岸青年创业论坛，在其中深刻感受到了大陆青年们的创业热情和创新思维，也在创业方面收获了诸多启迪。中国大陆目前形成了一种"大众创业，万众创新"的风潮，其中，青年作为社会未来发展的主体和希望，也似乎理所当然地成为大陆"创业创新的生力军"，大陆方面也对青年创业创新给予了鼓励和政策支持。也正是在这一背景环境之下，即使是作为一个来大陆求学的台湾学生，也感受到了大陆青年创业的浓烈热情。

我的天津之行，首次近距离地真切感受到大陆对于创业的热情，尤其是对青年创业这一方面的鼓励与支持。天津作为华北地区最大的对外贸易港口城市、改革开放的先行区，自然成为吸引青年创业的理想之地。天津自贸区宏伟气派，滨海新区一扫2015年8月爆炸事故的颓废，重新焕发生机，全球最大的于家堡金融区依旧高端现代。一路参观走来，众多的孵化器涉及各行各业，无不在展示着天津这座城市对于青年创业的支持，而这也正是大陆青年创业之风的一个典型缩影。作为一名台生的我，毫不意外地被这创业氛围所感染，梦想着今后自己的创新项目也为这些创业孵化器所青睐。

理想的丰满，还是需要不那么骨感的现实来加以支撑。天津台办的官员在此次与台生的相互交流中，详细地介绍了天津市对于台湾青年创业的优惠政策，不免让人欢欣鼓舞。此刻便不能免俗地将台湾与大陆的创业氛围进行对比。上世纪80、90年代，台湾的经济腾飞、成为亚洲四小龙，所依靠的正是那些具有创业能力和创新精神的中小企业。反观如今的台湾，青年们似乎没有了先辈们锐意进取创业的奋发精神，怡然自得地满足于所谓的"小确幸"之中。相反，大陆青年们在创业上展现出了极大的热情。且不论大陆目前到底有多少创业创新的项目获得了成功，这种积极创新进取、敢于创业尝试的精神是难能可贵的，也是一个社会不断发展进步的动力所在。

当前，越来越多的台湾学生到大陆来交换、求学，这些台生实际上潜在地成为未来大陆创业创新的重要人才，而台湾青年也对在大陆创业有所青睐。这是因为，第一，大陆方面在对外开放、鼓励创业这一方面的确给予了台湾青年较为优惠的政策，这对于青年创业来说是一个比较好的大的政策环境；第二，大陆目前所呈现的整体的经济活力优于台湾整体，处于经济增长期的大陆也较为能够提供比较多的创业商机；第三，台湾青年本身继承祖辈"台商"的商业能力，往往在商机面前有一定的敏感性。

对于两岸关系来说，经济是一个极为重要的方面，经济上的深化联系往往促成了其他相关方面的关系的发展。在大陆创业之风蔚然兴起之时，在大陆的台湾青年也应该抓住潮流，利用自身的优势实现自己的创业理想。

（于家堡：位于天津市滨海新区海河北岸，是滨海新区商业区的核心地区，集金融创新基地、城市商务、高端商业、都市旅游、生活居住等功能于一体。其中，于家堡金融区是目前全球最大规模的金融商务区，也是中国领先的金融改革创新基地。

天津市创新创业特区负责人谈两岸青年创业合作：演讲内容包括了当前天津市创新创业特区的创业现状，天津市针对台湾青年创业的优惠政策等内容。）

台湾人为什么选择到大陆就业

□周钰琚

2014 年来到北京就学，两年期间，碰见许多学弟妹向我请益生活、找实习以及未来职涯选择所面临的困惑。前仆后继涌来大陆就学或就业的台湾人，深深地感触这块大陆承载曾经不敢想象的梦想。同时，这块大陆与台湾的关系又若即若离，我们身上带着同样的语言与文化印记，中间却有无法跨过的政治因素。很多人常常把世界分为三种：国外、中国大陆和台湾，对于我来说，台湾以外的世界是可以尽情挥洒的舞台，来到大陆，不断尝试各种机会挖掘自身潜力，磨炼在异地生存的意志，大陆的市场潜力与发展机会吸引着我们，然而关键还在于自己的生涯规划。

"太阳花学运"后，我们这辈台湾青年积极参与公民运动，最常被父母、台湾的亲朋好友以及大陆人问到的问题是：

台湾的生活条件很好，为什么要来大陆呢？当时，我设定的目标是：趁年轻时，去外面走跳听看，开发自己未曾想过的潜力。现实层面来说，大陆市场规模大，工作机会非常多，花点时间做功课，通常能找到不错的工作。我经常反问自己，你适合在大陆工作吗？

受社会发展程度与教育背景影响，两岸青年对于"成功"的定义不一。从大学生四年生活即可窥探，大陆学生一般在大二开始持续做实习、支教和公益活动到毕业，大三准备托福或雅思，毕业前一年90%的人在秋招拿到工作，或继续攻读研究生。实习或者多方参与活动固然能够增加简历含金量，但不是多多益善。大一、大二或研一多参加活动，设定短期目标，确定这个目标需要什么样的核心素养与经历，再从中下手，才能够事半功倍。比如你想进入快消产业，那么参加欧莱雅年度销售大赛是一大加分。毕业后伴随结婚、生孩与买房，人生不停地往前滚。左顾右盼无法把握短暂的人生，北京的霸气与文化底蕴深深吸引我。但是，一线城市生活紧凑，人与人之间的距离感沉重，你能适应这样的"狼性"吗？

不论在世界哪个城市生活都有其难熬的时刻，加倍努力收获更为甘甜。克服面对未知的恐惧，把自己锻炼为更有底蕴的人，就能沉着应对。不论最后你决定在大陆留或者去，都是人生中难以取代的经验。比如，为何大陆的电商与创业发展如此蓬勃？如何运作？怎么改变大众生活习惯？这样的运作模式能否复制为己所用呢？台湾青年有心到世界其他地方开创天地，有许多小而美的故事发生在世界各地，是我们这一代人热爱这片土地的另一种方式。在异乡结识四面八方的人，接触不同的生活方式，很自豪地说，我来自台湾，深以这块土地为荣，希望有这么一天，我们能为这块土地做出贡献。

小台生考回台北建中的学习方式

□ 陈奕桀

　　学习，是人类与生俱来的一大本能。中华文化的博大精深，也是靠着前人的教导以及后生的学习，一代代累积下来，而取得的今日的成就。人，也是靠着学习，逐日的成长以及成熟，进而融入社会，因此学习也可谓是人类最重要的一种本能。虽然说都是学习，但其实每个人都有他们自己不同的学习环境、学习方法以及学习态度，这些因素都会影响我们在求学这条路上的发展。就以我为例，因为父母工作的关系，我从小就要到大陆生活和求学，学习环境理所当然地会与台湾学生有所不同。但我认为学习并不会因为地点而受影响，真正有影响的其实是我们的学习环境。许多史实，例如"孟母三迁"，都告诉着我们学习环境的好坏是会影响我们学习的效率的。

　　很幸运，从小我爸妈给予了我一个优良的学习环境，让我有一个安静的书房可以认真读书，花钱送我到一个有数个外教的学校，让我在可以继续学习台湾的教材之余，还可以提升我的英语能力。并且，他们平时也没有过分的给我定目标，不会让我有极大的压力，要知道在有压力的环境中学习，也是会导致学习效果不彰的。

而谈到我的学习方式，其实我一直深受我爸的影响。他常常告诉我姐姐，学习并不是为了考试，真正理解到其中的知识，我们才可以从中获益。这句话虽说平常可以从很多家长的口中听到，但其实它告诉了我们一些很重要的道理。其实学习就跟吃饭一样，我们从摄食获取营养，我们也从学习获得知识。同样，在汲取知识时，我们也应该细嚼慢咽，而不是狼吞虎咽，将学习了的知识慢慢理解透彻后，再学习下一个，才是相对比较好的方式，因为很多时候，不同的知识就像一张网，互相连结在一起，这时候囫囵吞枣的学习方式，反而是毫无作用的。而且也跟盖房子一样，学习要先把基础打好，才能进行下一楼的建设，摇摇欲坠的楼层，在未来反而是并不会有用处。

此外，在学习的路上，自己的学习态度也是很重要的一点。爱迪生曾说过："天才是百分之九十九的努力，再加上一分的灵感。"没有自己本身的努力，不管再怎么天资聪慧，也终究不会成材。未经过雕琢的玉，也终究是一块璞玉，因此我们也要通过学习，慢慢刻上属于自己的印记。并且，不能认为学习就是为了考试而已，学习是为了充实自己，让自己更加有文化程度，而且还可以把所学得的东西活用在生活当中，使日常生活更加便利。最后，我们也要发挥"活到老，学到老"的精神，其实我们不止可以把我们所学得的知识运用在生活当中，也可以从生活当中学得更多不同的事，因为生活也是一本非常渊博的教科书，值得我们好好地去钻研以及琢磨。

在求学的旅途当中，我们也应该适时地为自己定下要完成的目标，让自己愈发向上，千万不要因为怠慢而荒废学业。定下的目标虽然不能太简单，但也千万不能太超出自己的能力范围以外，好高骛远的目标反而因为不能达成而会使我们停滞不前，且浪费我们宝贵的时间。正确而适当的目标，才会让我们走上正确的道路并且正确利用时间进行知识的汲取，使我们更上一层楼。

现在，我已经步入的高中，这是我人生当中一个新的阶段，也是一个陌生的环境，在这条路上依旧有不同的知识等着我去认识和了解。而且现在的我期许自己可以在之后的学习当中，更加努力和认真，努力报答父母一路的养育和栽培之恩，希望能够证明他们这一番努力并没有白费，并让他们可以感到骄傲。

尽管过去经常会有不想读书的念头，但是不得不说学习不断充实着我的心灵，不仅让我对日常生活可以有更加深入的了解，也让我在某些事物的处理上可以更加方便与快速。"玉不琢，不成器。人不学，不知义。"学习会造就我们未来的人生，也创造了人类的文化。让我们在求学这条路上，更加努力地向前进吧。

台商第三代考回高雄女中

□ 曾俐慈

　　我在被抱在手中细细呵护的年龄来到了中国东南边陲地带的另一岸。我的阿公、阿嬷在三十而立的时期就到这人生地不熟的地方打拼，很幸运地做成了一番小生意。之后，父母亲也继承阿公、阿嬷的事业，这就是我这些年来在大陆生活的缘由。说真的，我不太记得我年幼时期的事，乃至到小学的记忆也很模糊。所以我就来谈谈我的初中吧。

　　一直以来我都是读双语学校，初中也是从小学直升的。因为是双语学校，英文固然是不能忽略的。我们拥有来自不同国家的教师，生活中自然建立了一些国际观且变得多元化。外教上课很活泼有趣，不拘泥于课本内的东西，于是我们偶尔会唱唱歌或者看看电影，这些真的都兼具娱乐与教育的功能呢。

除了英文教材外，我们学的大部分是台湾的教材，但从小学到初中也有蛮多其他英文的科目。比如说，我在初一学的台湾的数学，其实大部分在小六时我就在英文数学里接触过了，也都打下了良好的基础。自然科目也有着相同的情形。因此，我在初中时期理科基础方面学起来较轻松。

我们学校是小班制，我们这届更为特别。我初一时，班上有15人，初二变为6人，毕业之时仅存5人。因为父母都是在异地工作，有太多不确定的因素及变动，以至于班里人数也跟其波动。

我不认为人少是件不好的事。15人对于大部分学校的任何一个班级来说几乎只是三分之一。五六人就更不用说了。换句话说，我们拥有比一般学生多出至少三倍的教育资源及照顾。在这样的环境中学习的我真的很幸运。我平常只要上课认真听，作业按时做完，偶尔自己复习一下不太熟的章节就可以拿到一个不算差的成绩。

很多人会有疑问："那这样学费会不会很惊人呢？"我不能说多贵，也不能说很便宜。以台湾大部分公立学校学生来说，虽然因为十二年义务教育让学费得以少颇多，但放学完竟然还要匆忙地赶去补习班，补习费用自然跑不掉。这样算算，我们学校真的不算太贵呢！

在接近台湾升学考时，我们学校老师更是牺牲了自己的假期帮我们加强复习，当然自己本身也没懈怠，期待着尽自己最大的努力考到不悔的成绩。终于，在放榜那天，我不愧对于自己的坚持和老师的辛劳！

然而，此时此刻准备要回台湾读高一的我，莫名有种若隐若现的顾虑。部分先前在初二转回台的同学就曾因为自己在大陆读过书而被说三道四。这是何等偏差的价值观！我想如果我们是从美国回台就读的，周围的少数人是不是会由有点鄙视的眼光转为崇拜呢？不过，我们一样都是在台湾出生的，只是因为父母的工作或者其他不可避免的因素，才会使得我们比较特别一点。这样的特别并没有错，不是吗？

最后，不得不承认，我喜欢这个我生活十几年的地方，它就像是我的第二个家一样。

跨越海峡实践童年音乐梦

□关卉闵

关于我童年的音乐梦，回想一下仿佛没有什么颜色，除了黑白的琴键和母亲的鞭打还有充满音乐的教室，但是这段"灰暗"的往事却不知不觉影响着我将来的每一天，唯一娱乐方式和好朋友就是那架八十八键的钢琴和那支现在看起来已经老去的长笛。站在澳大利亚悉尼CANBERRA歌剧院的舞台上，灯光照射的那一刹那傻傻地以为这就是音乐的全部，但是谁知道这仅仅是"噩梦"的开始。

15岁的我开始了大陆的音乐之旅，大陆，不外乎就是一个"大"字。从天津滨海国际机场出来以后，发现这个城市发展的并没有我想象中的那么快，但是街上的人多得可以让你跌掉下巴，突然觉得自己好渺小。当然，那个时候的大陆对于音乐知识的传播仅仅能学到学院里的古典派，学习音乐的深度让我不禁有一点点失望。我开始寻找着来自民间的音乐，在我即将要满 18 岁的时候，学院外的那些音乐上的"狐朋狗友"让我开始对音乐有了新的理解和认识，我的音乐叛逆期也就此展开。

想想那段期间真的很叛逆。我爱上了流行音乐，一发不可收拾，开始寻找着各式各样的舞台，古典和流行的音乐意识在我的那个叛逆期阶段每天都要"吵架"，我和这些音乐上的朋友们开始了长期的磨炼和讨论。鼻息肉是我音乐道路上最大的绊脚石，烟、酒还有霓虹灯仿佛就是乐队的代名词，整天面对着这些对我的病情没有任何的好转，而且越演越烈，那个时候的我因为好奇和对未来世界的探索，音乐上的欲望越发膨胀，我才知道 18 岁到 21 岁之间的这个阶段，才是我真正的"灰暗期"。

在我 21 岁的时候，一个男人改变了我的生活。他为人谦和低调，对音乐有着独特的见解和表达，他就是我的未婚夫。他让我了解到音乐是不分派系的，是源于生活的，是有爱的。于是我们开始了苦行僧般的生活。我们去尝试各式各样的音乐，去追求各式各样的生活，最后创办了音乐工作室录音棚。谁知我们即将面临的问题就是温饱。我们一心放在了经营上却看到适得其反，感到欲速则不达。面对各种"客户"，真的是又尊敬又哭笑不得，让我觉得生活当中有音乐是幸福的，肚子却是饿的，套句俗话："你们懂的！"一直到承接了《中国好声音》三、四季和《中国新歌声》的天津地区海选会，一下子让天津喜好音乐的人们知道了我们。找我们制作歌曲，写歌，出专辑的人们多了起来，音乐工作室录音棚和生活也慢慢步入了正轨。

我的未来规划将抓紧近十年大陆经济飞速发展所伴随的音乐环境渐入的春天，网络的高度发达使我有了将音乐送进千家万户的想法，正在我苦于不知如何下手之际，我结识了德高望重的陈炳宏先生。他照亮了我创业的路，趁着大陆给予台湾青年创业的大力支持，我想在他的指导下开创将来。2016年时，我有幸结识了台湾著名音乐制作人陈秀男老师和周治平老师，在两岸的经济和音乐大融合的气候下，两位老师对我们音乐的肯定和支持是对我们团队最大的鼓励。我们将创造出服务于华人的音乐类产品。音乐扶持我成长，教会我做人的道理，让我们心中有爱，我要把这份感动融进春风里。

经营"两岸青年"微信公众平台之感悟

□罗鼎钧

　　2011 年年底，我第一次用了微信，因为当时在吉林大学做交换学生。当微信朋友越来越多，当 LINE 也已经使用得越来越少时，是否开启新的旅程去大陆读书呢？因此在确定即将赴清华大学的前夕，我与大陆的好朋友们，一起做了一个公众平台"两岸青年"，还记得当初第一名关注者是我们自己。

　　2014 年 6 月 2 日，我们发了两篇图文文章——《以大学为地标玩转台湾—台北篇》和《台湾怎么样过端午节》，适逢端午节，因此自己写了这两篇文章，希望可以起个头。

　　还记得，我为两岸青年信号的功能介绍上写下这一段话："青年，是人生最精彩可及的岁月，光阴，是消磨青春最可怕的杀手。旅行，是认识青年最美丽的方式。美食，是平凡生活最美好的纪念品。我们生的这片土地，是把青春、旅行、美食定格下来的地方，两岸青年，旨在打造两岸最客观的文化交流平台。"两年又两个多月过去了，2016 年 8 月初，在写这篇文章时，两岸青年微信平台已经发了 785 篇文章，办过数场线下聚餐，一百多位两岸青年学子投稿给我们，分享属于自己的故事，关注者也从自己小伙伴们到破万人关注。

就这样，时光飞逝，我也从菜鸟的台生逐渐迈入老博士，年纪也来到了 20 岁的尾巴，我一直在想，两岸青年微信号的那段话，我有做到吗？我们有做到吗？坚持一件自己喜欢的事情真的很不容易，但我很开心，因为透过两岸青年微信公众平台，我结识了两岸许许多多的好朋友们，每当我打开后台时，看见读者给我们的反馈和支持，我就更多了一分努力坚持下去的动力。

或许，在新媒体新世代当道的时代里，两岸之间的确仍有许多误解和隔阂，但是，透过线上的分享和文章的转载，两岸青年微信公众平台或许在两岸之间可以扮演那个小小的载体，让两岸青年彼此真正传达属于自己的两岸故事，为整个两岸和平、文化交流做出贡献！

博班毕业后找教职的历程

□ 赵家伟

If every unfolding we experience takes us further along in life, then, we are truly experiencing what life is offering.

——Life of Pi

如果我们在生命中的每一次转变都让我们走得更远，那么，我们就真正地体验到了生命的奉献。

——少年 Pi 的奇幻漂流

"理想很丰满、现实很骨感"，这我毕业后的第一个感觉。当初选择辞掉工作念博士班，主要是为了完成我在大学四年级时内心做出的决定。在台湾硕士毕业后的服役期间，我就在准备博士班的考试，前前后后连续考了三年，最后放弃了考上的台湾博士班没有念，选择独自前往厦门大学管理学院就读。经过了三年的努力，论文答辩顺利通过了，本以为人生从此一帆风顺，殊不知才是面对现实社会的开始。

取得博士文凭，自认可以在大陆顺利找到大学教职，但没想到学校的缺额不是已定好，就是因为台籍身份被拒绝。所以，在2015年9月拿到证书后，因为找不到大陆教职工作，我暂时回到台湾，同时准备台湾教育主管部门的学历认证。这半年的时间里，我只能在私立大学担任兼任老师，同时在厦门大学的艺术学院担任经济学基础的兼任老师，在海峡两岸来回。

虽然有应聘业界的工作，企业也提供优渥的薪资与福利条件，但我对教书的梦想没有改变。所以，有半年的时间都在这样的兼任过程中度过，同时继续在两岸投教职履历，只可惜都石沉大海，细想一下前前后后投了将近有50所学校吧！其中不是没有消息，就是直接回信说不需要，也有过上海某所高校来信通知面试，但因为身份的关系最终婉拒了我。当时非常气馁，不过，我相信只要继续投简历，一定会有学校的。

事隔一年，在2016年7月出现了转机。经由在厦大求学时所认识的台籍老师介绍，我有了应聘面试的机会，过往的兼任经验与认真准备的授课内容，让学校看到了我的价值，最后录取了我。在即将到来的9月，我将踏上教职的人生。

虽然学校偏远，虽然回家路途遥远，虽然不知道会遇到什么事情，但这是我选择的人生。

我感谢这一路上打击我的人、离开我的人、使我痛苦的人、陪伴我的人、鼓励我的人，因为你们才有今天的我，也感谢给我机会的人，让我可以完成我的目标与理想，我相信一路上的风景都会化成养分使我往前迈向下一个旅程。

这是 2013 年跟厦门大学艺术管理学生一起过圣诞节的情景，如今他们已经迈向三年级了

其实，不管找工作或者做什么事情，都要想清楚自己的选择，因为有得，就会有失，不要有遗憾，因为人生只有一次。有两句话一直鼓舞着我也激励着我，送给看到这篇文章的人。第一句是："不要把自己做小了。"意思是要对自己不设限，人生有无限可能，不去做怎会知道，有时候想太多只是杞人忧天，那就大胆地放手去做吧。第二句话是："不只要成为品牌，更要成为名牌。"在这个竞争的社会，让自己成为别人争相需要的名牌，替自己打造自己独一无二的价值。最后，祝福大家。

台生要自己救自己

□邱荣利

　　我来大陆的起点就是台生，是台湾教育部门对大陆学历不溯及既往的最后一批。2009 年来到上海复旦大学就读社会发展与公共政策学院的博士研究生，主要研究方向是非营利组织的构建与完善。跟大家一样，我住在北区学生公寓，博士生是四个人住一个单元，每个人有自己的房间，房间都有阳台，空间独立。但是，客厅与厕所共用。厕所里面有安装热水器可以淋浴，后来澡堂建好后宿舍的热水器就拆掉了。我学大陆同学改用"热得快"烧水洗澡，但是不谙使用方式，热水壶爆开导致我的面部烫伤到长海医院急诊。我的大陆室友杨发坤帮了很多忙，远亲不如近邻，我们建立了深厚的情谊，这是刚来大陆 6 个月的感触。

　　当年台湾立法机关修法后，开始承认大陆学历，因为我是 8 月入学，所以我的学历和之前的台生一样，都是不被承认。我估算了一下，1992 年到 2009 年约有 2 万到 3 万的台湾毕业生取得大陆学历不被承认。我觉得这么一批人的权利都被忽视了，大家应该团结起来让台湾修改成溯及既往，或至少到 1992 年。所以，2016 年 5 月 18 日我在台北市民进党中央党部前举行的"坚守'九二共识'、维护两岸和平"活动中，组织了百余名曾来大陆求学过的学生和他们的家属一起参加集会，表达我们台生群体的心声，希望新当选领导人上台后，能扩大采认大陆学历，保障赴大陆求学台生有平等的工作权。这是一件很奇怪的事情，一位台湾小孩，因为来大陆读书，就无法正常地回台湾工作，为什么限定大陆呢？另一方面来说，台湾的教育主管部门从一开始承认 41 所大学学历，到现在的129 所，这样开放的标准又是什么？既然要开放，为什么跟切香肠一样一点一点地切，逻辑上完全不通。当全世界都采认中国大陆学历时，唯独台湾地区不采认，这是很奇怪的事情。

我刚到复旦的时候，听说复旦有个台生会，但成立没有多久。我想到在上海的台湾学生其实不比北京少，但是却没有像台生在北京一样有联系。所以，我就想是不是有可能把在上海的台湾学生联系在一起，大家可以互通有无，共享资源。

台湾人来大陆读书毕业的大约有 2 万多人，其中有一半是跟随爸爸、妈妈等亲属一起来的，还有一半的台生是自己选择来大陆求学。但是，似乎海峡两岸对这个群体都不是太重视，过去大陆比较重视台商、台干等，台湾则是连学历都不承认，更何况重视。所以，我就决定台生要自己救自己。应该要更关注这部分台生，协助他们尽早融入校园生活，帮助他们毕业后顺利就业。后来我就发起了"台湾学生联谊总会"。成立之后，每年都会组织各项活动，帮助这些刚来的新生适应大陆，也借由对台生的新生说明会、高校联谊会、交流座谈会等活动，联系在大陆求学就业的台生相互间的感情，希望吸引越来越

图为岛内媒体报道我们在台湾争取台生权益的行动

多的台湾学子来到大陆，了解大陆，选择在大陆学习、工作、生活。

经过了一段努力，我们获得了认可，大陆的相关单位越来越重视台生群体，也毫不吝啬地给予我们大力度的支持。其实，大陆也面临就业问题，2016年号称"史上最严峻求职季"，因为大陆高校的毕业生创下历史新高，达到765万人，却要面对全球经济趋缓的大环境。台生也要面对跟大陆学生一样的问题，甚至还要考虑更多，我们通过上海市台胞服务中心与上海台商协会举办的台生与台商的就职媒合会，创造更多台生就业的机会。我们找来包括广达、台达电、华硕、旺旺、南侨等知名企业提供职缺，老乡见老乡媒合会的现场相当热闹。我想说的是，这些年来，台生群体已经形成一股庞大的力量，大家一定要从"靠自己救自己"到"靠自己提升自己"。

如何提高硕博士研究生期刊投稿成功率

□黄裕峯

在大陆读研究生，除了入学渠道不一样之外，入学后的要求大致都一样。有几件事情是台生会觉得有难度的事情。第一大概就是外语，一般说来，本科生要求四级水平，而研究生需要通过六级英语的检定考试，否则就无法拿到毕业证，只有学位证。不过，这个要求目前已经全面取消，无论是大陆本地的学生还是台生都不是强制要求考四六级。因此，对于读硕博士研究生的台生来说，想要符合规定，顺利拿到文凭，论文在期刊发表就是学位论文之外的最大挑战。

关于研究生期刊投稿应该注意的事项，首先，必须明白游戏规则。每一所学校、学院、学系都有相对应的期刊目录，有的学校还区分为教师与学生的不同目录。因此，在论文投稿之前，务必弄清楚游戏规则。否则，即使在高级别的期刊投稿成功，如果该期刊不在学校制定的核心期刊目录之内，也是白做工。各校的规定不尽相同，但是可以去研究生院或是图书馆寻找到蛛丝马迹下载。还有一个最简单的方式就是问研究生秘书，或是快要毕业的学长姐。为什么问研究生秘书，因为研究生秘书的工作执掌就是处理我们毕业全部的资料，检查是否符合规定，是否有误，也是除了你的指导教授之外，你接触频率最高的人。毕业的学长姐，既然都能毕业了，没有什么事情是还没经历，所以，也是一个可以信任的咨询对象。缺点是，他们都是大忙人，研究生秘书一人对上百号学生，而学长姐面临毕业求职的压力，四处奔跑，都不好找。所以，建议还是自己根据入学时候领到的研究生手册等相关材料找出指定的期刊。

接着，介绍一下大陆的期刊情况。大陆的期刊是属于稀缺资源，也就是说，不能随便办。分辨的方式是检查期刊有没有 CN 刊号，很多期刊都不是大陆官方认可的期刊，创刊地点可能在香港、澳门或是其他国家，期刊上是 ISSN 的期刊号。还有一种叫作"以书代刊"，就是用图书的 ISBN 书号，印刷成期刊的模样，但这些通常都不是正规的期刊，却也有少数正规，千万要注意。简单说，就是官方唯一认可 CN 刊号作为分辨方式，ISSN、ISBN 的国际刊号或台湾的"新闻局"字号基本都不算。

在明白了大陆期刊的辨认方式，也掌握了期刊核心目录后，接着就是投稿。投稿要注意几点分别是：

1. 专业术语要与大陆相同；

2. 遣词用字不要台湾模式；

3. 参考书目至少要涵盖两岸文献，不要只看台湾的文献；

4. 不要犯政治错误，因为这部分大陆期刊编辑都会严格地规范用语；

5. 重视格式，不要自以为是的用 APA 等其他，大陆的文后参考文献著录规则有国家标准 GB/T 7714—2005，虽然不一定每本期刊都执行。简单说，就是放弃台湾惯性思维，按照大陆的标准。

台湾学生在大陆期刊投稿，自然科学学科差异较小，社会科学学科差异较大。数理化一是一，二是二，争议较小，而文科光是行文风格就存在差异，何况讨论观点。所以，投稿之前，请务必注意上述五点，再看一下目标期刊刊发的文章，学习一下别人的行文模式。特别提醒在台湾完成硕士阶段教育后才来大陆攻读博士学位的台生，一定要认真研读本地的期刊，使用大陆的术语，大陆翻译的术语，否则编辑可能直接退稿，你连原因都不知道。

关于退稿，我个人的投稿经验里，较少收过编辑部的退稿通知，通常就是等到时间到了，还没有刊登，再自行转投其他刊物。

大陆学术期刊虽然相对台湾已经多出很多，但是，对庞大的大陆学术与教育群体来说，是稀缺资源中的稀缺资源。投稿数量庞大，但是编辑人数不多，总体工作量大，所以，不一定很细致。如果想通过编辑的第一关，投稿前要尽量站在编辑的立场思考，减少人家的麻烦，这样就容易增加自己进入审查系统的机会。至于用稿，在我的经验中都会有具体的通知，但是见刊的时间，有的编辑会在用稿通知中顺带提到，也有没明确日期的情况。所以，千万不要等到快毕业前才投稿，特别是在毕业年度的一月起算的半年。因为就算你有用稿通知，学校也要见刊后才会发给你正式的文凭。通常期刊编辑还需要考虑该期的主题、栏目、版面、页数等各种因素，他们真的很忙。

最后，谈一下对于收费期刊的看法，也就是俗称的"版面费"。当我第一次得知需要支付版面费的时候，内心是排斥，并且立刻拒绝。当时想法是：我没有索取稿费，你还跟我收版面费。不过，随着越来越了解学术期刊的规则后，才知道期刊收费并不是大陆独有，外国期刊也有收费，甚至费用更高。好期刊也有收费，一般期刊也有收费，当然承包期刊靠收费赚钱的乱象也确实存在。我的建议是，改变思维，如果费用自己负担得起，该给人家还是要给人家。毕竟，纸媒式微，现在连免费报纸都没人看了，何况少有广告收入的学术期刊。只要想一下，你自己能否达到毕业要求，其他也不需要特别坚持。

1995 闰八月，我来大陆读小学

□莫传玉

1995 年跟随家父前来大陆，那时的我是个 10 岁小屁孩，简单说就是我小学三年级转学，一转转到对岸去了。这一转，算把当初的我转晕了，都不知道是如何脱胎换骨变成现在的我。以至于我现在写了一手漂亮的简体字，一张嘴就是标准的大陆用语，连拼音用法都完全替代注音，甚至渐渐都断送了出生地的一切……要说这转型过程，令我印象最深的莫过于写字本上那一排排的红圈圈与一条条红色波浪线，还有旁边重重的大红叉叉。

红圈圈，对于当时小小转学生的我可谓是恶魔的套环。什么意思？就是你下课、放学都被套在自己的位置上，将这本子上的"错别字"一律一个字罚抄 20 遍。而这个错别字，我到初中二年级爷爷让我去学书法的时候才知道，当初罚抄的错别字其实就是繁体字，别提我有多憋屈。如："數學"是整个词错，全改成"数学"；"這張紙"全改成"这张纸"。当然，简体字的笔画相对是少，罚抄起来速度还算快，但是最怕碰到"绝""给""线"这种只是改了偏旁部首的字。当时我是一边抄一边郁闷，甚至有一次直接拿着写字本去找语文老师："老师！以前我的老师都是教我这样写的，以前的课本也是这样的啊，我应该是没有错的！"结果那老师瞪了我一眼："说你错就是错了！你以前的老师教错了！去，没改好不许回家！"

说真的现在回想起来，脑中还能见到她粗眉暗沉的纹路。结果，我只能硬着头皮回到位置上继续修改了。但是，别以为今天改好了明天就全对！有些东西就是一时半会儿很难将习惯改掉，尤其是还有一些新增加的"错别字"。我很佩服那个语文老师，她当时怕也是真下功夫了，从不陋掉一个圈圈；对那些曾抄写过的错字，又在原来基础上多罚抄两倍！后来，我也忘记自己到底是有多少个天数晚回家了，家人还误以为我顽皮，认为我是跟哪个邻家小朋友在学校操场玩疯了！可当时的我，因为是被老师批评的，所以什么样也不敢跟家里人说清楚。最终，我的写字本再无红圈圈了。

曾有一度在后来的大学认识了台湾来的学生，他们惊讶我竟然连繁体字都不会写，甚至连《义勇军进行曲》都唱得滚瓜烂熟！那富有杀伤力的眼神简直把我当万恶的"叛徒"了！其实心里还是很受伤的！他们说我忘本，忘家，这可真是天大的错误！再有一个台湾同学，那眼神到现在我依然记得，那是一种鄙视的味道。他说："喂！朋友！你会说台湾话吗？"我无奈地摇摇头。然后他接着再来一句："你到底是不是台湾人呀！"我内心……真想撞墙！当时的我好像什么话也没说就这样跑走了，跟做贼似的。

　　不过，这样的感觉也不只是面对台湾人，还有跟大陆人的。尤其是在大学军训显而易见。估计这所大学为了更方便管理，港、澳、台学生一律也跟着大部队军训！虽然我已够大陆化了，但是还有一串台胞证号，你还是会被大家一眼认出你就是个与众不同的人。然后很快，一些学生便会开始对你糖衣炮弹，问一堆敏感问题。

　　渐渐有一阵子，我开始怀疑自己的身份：这是我的错吗？我是哪里人？哪里是我家？我搞不清楚了！我想回家，可是我不适应家乡的生活；我只能在对岸漂泊，但是这里终归不是我家！这样的问题我曾问过无数遍，保险的办法只能是压在心底避而不见！不过我想，未来一切都会好吧！至少时间已拉开了帷幕……

　　我想告诉家人：我在这头一切都好！没事我还是会回家，毕竟家还是在那头。

从老师变学生：
大陆从教后再攻读北大博士

□林彦廷

教育就像做菜，每位学生都是特别的材料，而老师是厨子，透过精心的烹煮，让学生成为一道道美味的佳肴。

与大陆的老师们接触，是我的全新体验，鬼点子多的我，让老师们第一次就能够接受我这个"外来种"。我的信念很单纯，推动"新菜单"，让在线的"厨师"们学到"新的菜色"，学到新知，再把这些游戏、知识、教学方式带给学生。

在大陆，我学习了很多关于同事间的和睦相处的方式，还有同理心，因为担任过班导师，所以知道老师们在"多方压力"下要有多重身份，就像"千层派"一样，想要脱身却被紧紧黏住，所以我在安排活动、给老师们任务时，都会体谅他们的想法，因此我这个主管还算讨人喜欢。

在学校，我教学生英文，但我带给他们更多的是做人的道理、不同文化的刺激、带得走的能力、英语与生活结合，在我的课堂上虽然有趣不过也有很多要求，学生总是对我又爱又恨，学生们必须符合三个课程规则：1.多用英文；2.当别人说话时看着他注意听；3.不说不知道、不会，因为这世上没有绝对的答案，或许你的新想法更有意思。对于教学，老师们要先起到"爆香"的功能——身为模范，就如同福禄贝尔提倡的"教育无他，唯爱与榜样而已"，而老师们"爆香"的过程，中小火会让"香料"的香气冉冉上升，而如果一下子开到大火，学生们可能会被熏得头昏脑涨；学生们就是像一道菜的主体，根据杜威的教学法，学生透过"做中学"，体验更多的教学过程，能让他们学得更深入彻底，而家长们就像配料一样，配合、支持让主菜的香气透过爆炒，香气十足，比例完美，而老师们就像调味料一样，调味是辅佐，淡而无味可以慢慢加料，但是一下子加得太猛，整道菜可能就因此报废。教学的过程要循序渐进，老师们要说清楚教学的规则，也要让学生一同讨论取得共识，并全力执行。

有的时候孩子们常常会问："熊熊老师真的是熊吗？""熊熊老师每次都安排好好玩的游戏哦，你都不用教书吗？""熊熊老师，抱抱！"这些天真无邪的话，让我哭笑不得，这让我更拉近与其他年级孩子间的距离，也让我体认到在大陆的台湾小孩子，生活圈比较小也比较单纯，不像台湾时常有学生呛老师、霸凌、校园安全的事件。

我与生活英语创造力课程学生合影

而在大陆有很多给予老师们学习的机会，因此我有时需要前往大城市见习、参与研习会、英语比赛等，这让我体悟人外有人、天外有天的道理。透过几次的学习，我发现自己的渺小，也开始发起心中学习的小种子，因此在一个寒流来的夜晚，我开始浏览北京大学教育学院的招生简章。从准备资料到通过面试审查、口头报告的层层关卡，我离我的梦想越来越近，然而许多辛酸与泪水也是道不尽故事。起初每当饱受挫折时，往往想逃避放弃，但却越做越有心得，也学会调适自己的情绪，更珍惜成长与学习的机会，而"所有的好老师都应该是个更好的学习者"这句话也在我心中油然而生，在此与各位共勉。

台湾学子的支教体验

□张立齐

　　我来自台中丰源，2013 年起赴北京大学开始攻读博士研究生。我从 2008 年第一次接触和认识大陆起，就认为大学生支持祖国西部边疆教育事业，是青年生活中最有意义的事，但来北京后才了解到台湾青年要参与西部支教工作并不容易，主要是因为两岸关系的因素，台湾方面以"法律"禁止台湾同胞参与共产党、共青团和国家机关的工作。当我在寻找西部支教项目的时候，也有些台湾朋友不能理解，或担心地说："立齐，你是不是不想回台湾了？！"甚至有朋友担心我会被台湾当局"关起来"。而我的心中早已认定要完成这个支教的梦想，我得在台湾服兵役一年，为什么不能为我认同的祖国大陆支教一年？于是便坚持报名，完成各项能力和体检鉴定手续后，我于 2014 年起开始参与西部计划项目共青团中央的支教工作，先是到青海玉树短暂支援，后经北大校团委的分配，在内蒙自治区的赤峰市巴林右旗大板镇第四中学，开始担当人民教师之职。进而了解到我可能是第一个参与国家西部计划支教工作的土生土长的台湾同胞。

谈起我在内蒙古的边疆支教生活，我认为这是人生中特精彩的一部分。我是一个从小在南方长大的孩子，2013年到北京是我认识北方的开始，支教才是我真真正正认识北方的起点，第一次看到下雪的时候我学弟教会了我一句话："麦盖三层被，来年枕着馒头睡。"当然，看到雪的兴奋也验证了"南方人看雪，北方人看南方人"这句话。更多时候我对学校蔬菜大棚在北方冬天如何种菜和农民腌咸菜疙瘩很有兴趣，牧民在草地上放牧，冬季居住平房的生活的技巧等，有很多值得我学习的地方。

教书育人虽然不是我的强项，但我好歹也是在学校里教过学生的人。第一天到内蒙古学校就感觉到了教学工作的紧张，因为资源的匮乏，是表面上看不出来的，学校由好几个农村学校合并而成，学生用的是新的教学楼，和新的数位（即数码）教学设备，但教师的教学水平还未能和硬件匹配，问题其实是出在乡村人力资源外流，基础教育没充足和固定的教员，这是这一年我观察到基础教育工作目前的主要矛盾，但国家也因此通过政策使得大批毕业的大学生来到地方上，支持这些地方的教育事业。

我在支教地担当的课程有初一的地理，以及初二的历史。因为师资匮乏，不得不让我跨年级科目上课，我当时第一时间就接受这样的安排，勇于承担的表现也得到了学校里老师和领导的认可。作为台湾人不只要更加努力地适应大陆的工作制度、办事习惯，还要适应北方的饮食习惯、气候环境、方言口音等。最重要的就拼音打字和简体字的板书。经过一两个月的时间也就渐渐融入了地方，一方面是我习惯当地沟通的方式，另一方面，当地教职工和学生习惯了我萌萌的台湾口音。

初二的历史课是我认为支教过程最有意义的事，首先我得克服和学生之间的方言差异，一年的时间下来，孩子也从不认识台湾和台湾腔，到了每个人都能学会几句我说话的腔调。同时我深刻认识到两岸历史教材的具体问题对我这年代台湾青年人而言，不只是日据或"日治"的问题。在"四一二事变"前海峡两岸历史是一致的，而在此事件后开始出现国共不同的史观，这也是导致两岸长期的对立的主要因素。客观来说大陆的教科书无论是国共的历史功过都客观地论述，而台湾的教科书和教员却长期一味地灌输"反共"意识，现在甚至课堂上出现"反中"教育。站在客观的立场上，我真的感觉到台湾的历史教育才是所谓的洗脑式教育。

在内蒙古，我能更加亲近这块土地，没有城市的喧嚣，能和当地老百姓打成一片，谈天论地，和少数民族朋友唱歌跳舞喝酒吃肉，体验到最淳朴自然的民风。通过这样的体验和交流，我更加意识到海峡两岸中国人的根本是一致的，没有那么多的区别。无论是家庭观念和社会观念，朋友之间的关系，两岸人民基本一致，老百姓都希望让生活更美好，更能安居乐业，孩子能够通过读书考试长大成人等，基本观念都和台湾完全是相同的，没有那么多短暂交流后所说的"天壤之别"，也更能看清很多是南北和地域的差别，并不是两岸之间的差别。要是能有更多这样实在的接触，踏踏实实的交流和工作，那么两岸关系必然会更加熟悉和亲近。

到支教地的第一件事就是买了一台摩托车，目的是做乡间调研。起初在大雪纷飞的冬天骑车，一个台湾人在零下 30 度骑车这真是一件很酷的事，一直到开春之后，才开始跑遍了整个旗县的农庄村落。在内蒙古，牧村叫作嘎查，镇叫作苏木，县叫作旗。调研基本是利用假期，考察经济和社会环境，比起在学校教书，我更喜欢和当地政府官员交流所见，短暂参与到内蒙古十个全覆盖工作中，做些为老百姓服务的事。回到北京同学都说我变成了"黑人"，但我认为这是很大的学习和收获，一想到作为台湾青年人能以如此途径亲近祖国，便甘之如饴。

在支教的过程中遇到很多很善良的朋友，得到很多同志的默默支持，在落笔的同时我不时想到这一年中这些前辈、同学和朋友热心的帮助，正因如此我所在的大板四中建立起一个藏书不少的图书馆和电子阅读室，不止学生受益，也惠及当地的老师群众。一个人的力量很小，但我能感受到一路走来许多正能量的汇聚成的力量。民革中央给我许多工作经验的帮助，尤其是在信心的部分，对我来说是一个很大的动力，让我能放手去做很多想做的事情。而在地方需要支持的时候中央统战部的一些同志也是二话不说地号召台湾与各界朋友为祖国边疆带来资源与温暖。这些道不尽的情感，早就已经跨越两岸，中华民族的血脉早已不分你我。

我这一代的台湾底层青年，生在台湾蓝绿恶斗的大背景下，面对着价值观偏颇与经济萧条，错过了很多参与祖国伟大复兴事业发展的机会。我这一年在基层工作的经验或许对台湾人而言是前无古人，但我由衷地期望，有更多的台湾青年朋友，能多到大陆基层工作，真实全面地体验祖国大陆的风采。不是以为来了大陆会拿到多少好处，而是多算自己能为这个国家民族做出多少贡献。通过这一年的支教经历，我坚信我们这一代台湾人不必在台湾消极等待日渐沉沦，在祖国大陆还有很广阔的天空等着我们，在这里可以很有作为，只要愿意脚踏实地地付出和贡献，都能走出精彩的人生道路。

我在内蒙古巴林右旗大板四中组织"两学一做"工作

淘宝乐趣训练鉴赏力

□ 徐伟轩

　　我还在台湾求学的时候，对收藏就相当感兴趣。那时我的同学好友们，大都有着和年纪相符的爱好，唯独我，每周都跑到古玩市集报到，和一群志同道合却比我年长的藏友谈天说地。那时的我最爱的藏品是印章与砚石，我的开销几乎都在这上面，每次买到自己满意的宝物，那种心里的愉悦很难用文字形容，这使我一次又一次深陷其中，至今仍乐此不疲。

　　我在台湾就读于台湾师范大学美术系所，对艺术创作及美术史都有涉猎，但有关工艺的美学认知却是很薄弱，而古董文玩领域，大都属于工艺美术的范畴，工艺美术和纯艺术之间确实还存在着很多差异。我慢慢了解到收藏就是品味和学识的具体展现，除了在艺术创作方面之外，如果还想在收藏方向有所精进的话，增进工艺美术的专业知识那是相当重要的。因此，我选择了工艺美术方向。在进入清华大学美术学院后，攻读工艺美术创新研究博士学位。我的博士学程并非是艺术学，而是设计学，更精准地说应是工艺领域的博士。在整个学习历程中，我专注于陶瓷与玻璃的研究。撰写博士论文以陶瓷研究为主轴，实作则面向玻璃艺术。

北京是历史古都，有深刻悠久的文化传承。到了北京见识了传说中的"潘家园"古玩市场，规模宏大，了解后才知道这个地方积累了厚重的历史。潘家园起始于上世纪 90 年代初期，兴起于 90 年代中期，经过 20 多年的发展，目前摊商已达 4000 余户，市集里贩售诸如珠宝玉石、仿古家具、文房四宝、古董字画、旧书刊等，内容可谓包罗万象，俨然就是一座民间博物馆。你可能在这里找到价值不菲的古董文物，也能买到要价不高的小品文玩，不论你是不是行家，数以千计的地摊总有让你心动的玩意。在潘家园可以逛一整天，这和我过去在台湾的感受很不一样，我才了解北京和台湾的收藏氛围有所不同，收藏的物件也不尽相同，得慢慢适应。

自我在清华美院跟随王建中教授学习，依照王建中教授的引导，我的研究方向开始转向陶瓷，不知不觉中也影响了我的收藏方向，我开始对陶瓷产生了很浓厚的兴趣。一般都认为收藏古代陶瓷都要花费很多金钱。自我来北京后，我才明白为什么"China"就是陶瓷的同义词。中国自古就是陶瓷的国度，由古至今陶瓷的生产数量可以说是浩瀚如星辰，陶瓷也是过去工匠为后人留下的珍贵宝藏，蕴藏了先人们的文化与智慧。我这段时间，搜罗了包括景德镇、德化、石湾窑、广彩等不同窑系的民用瓷器，年代最早到宋代，最晚到1949年以后创汇时期的老瓷器。还有其他类别如木制品、手串、文玩以及琉璃等，让我的收藏视野更为开阔，更体会地摊作为自古以来便存在的交流模式，不仅营造了一种特殊的城市生态，丰富了民众的生活情趣，也是藏家练眼力、长知识的绝佳场所。

近年来大陆经济起飞，艺术拍卖市场活络，带动了收藏热潮。电视上许多鉴宝节目，推广收藏知识，再加上电子商务崛起，古玩商已经不必开店面或摆地摊，可直接透过互联网与社交网络平台推销古玩古董，甚至是一般收藏者也能透过这样的模式出售自己的藏品，买卖藏品变得更方便，几乎人人都可以轻松走进收藏的世界。此外，大陆各地都有由收藏家自发组成的收藏组织，定期聚会研究，带动古玩鉴定人才辈出。不少出版社出版有关收藏的书籍刊物、杂志、拍卖图录，不但普及知识，也让收藏发烧友掌握整个收藏市场的动向。网络的推动也是收藏风潮兴起的重要因素之一，除了古玩与电商的结合，网络上各类收藏交流论坛数量极多，种类也很多元，能让天南地北的藏友一同参与讨论，让藏家即使不出门，也能随时和其他藏家交流收藏心得。综合以上所述，我个人认为，目前可以说是历史上空前的收藏盛世。

收藏和艺术拍卖脱不了关系，我来到北京以后，最有感受的莫过于艺术拍卖市场的风起云涌。其实大陆这一两年经济上面临结构性改革的挑战，艺术拍卖市场也确实受到影响，2015 年被认为是中国大陆拍卖业最冷一年，不过也有许多值得关注的现象。其中最引人注目的，就是刘益谦在艺术拍卖场上所造成的旋风。刘益谦，祖籍湖北，1963 年出生，凭借着精准的眼光炒股致富，可以说是白手起家的企业家典范。他在累积一定的财富之后，开始将目光放在拍卖市场上。最为人乐道的是 2014 年 4 月香港苏富比春拍拍得"明成化斗彩鸡缸杯"，成交价 2.8124 亿港元，刷新中国陶瓷拍卖成交价的世界纪录。他因使用"鸡缸杯"喝茶引发不尊重文物的争议。2015 年 11 月，刘益谦以 1.74 亿美元在纽约佳士得拍下莫迪尼亚尼名作《侧卧的裸女》，创造了莫迪尼亚尼作品拍卖新纪录。

2016 年 4 月, 在香港苏富比以 2.7 亿港元拍得张大千《桃源图》,
同样刷新张大千作品拍卖纪录, 据说与刘益谦竞拍的是专收
张大千作品的台湾著名收藏家林百里。

从刘益谦在拍卖市场所制造的话题背后, 可以归纳出一
个事实, 拍卖市场虽面临盘整, 但真正优秀的作品价格不但
没有下跌, 反而继续攀高。刘益谦的策略其实很简单, 就是
集中火力买最贵的、最有名的、大家最关注的, 瞄准精品咬
死不放。经典作品相对抗跌力强, 即便市场再不好, 经济再差,

图为淘宝成果, 一只"文革"瓷勺、一件明代寿字瓷碗、一件
天津制鸟形玻璃瓶与一件泉州早期建筑装饰灰塑。

大家都还是抢着要。

一般藏家不可能像这样买东西，这样的收藏模式给我一个启示，应该依据自己的眼力与财力，找最好的下手。

自我来到北京，我学到许多书本上学不到的事，更因此磨炼了辨识与鉴定古陶瓷的能力。逛地摊寻宝并非收破烂，也不是买纪念品，要训练自己从假货中搜寻具有升值潜力的老物件，那就不会是白白花费时间，更不会浪费金钱。进一步来说，能把握每次逛地摊的机会，训练眼力，辨别新老，体验地摊的文化交流的趣味，发掘古人造物的价值，我认为那才是最为难能可贵的。

在台湾史研习营的总结报告发言

□刘彦良

尊敬的各位领导、亲爱的同学们，大家好，我是刘彦良，来自台湾嘉义的客家人，我感到十分荣幸，代表第三组在闭幕式做总结。让我用这十五分钟的时间与在座的各位先进，回顾这几天在厦大的研习营课程心得及小组总结。

七月的福建永远是那么炎热，小暑大暑，上蒸下煮；七月的厦门永远是那么熟悉，行在鹭岛，似在宝岛；七月的厦大永远有我们共同的"历史记忆"。

这一周的厦大，除了迎接不少各地游客，还有百位在大陆就学、就业的台生朋友齐聚这座中国最美的大学。尽管正值酷暑，我们不远千里前来，只为一个共同目标——"共赴研习营，认识台湾史"。这是多么有意义的活动。厦门连日来的好天气，好像正是在欢迎我们的到来，你们说是不是？

七月二十五日，星期一，天气晴，我们就在这个会场迎来了本次研习营的开幕式，许多重量级嘉宾亦莅临现场，好不热闹！此刻我的心情特别激动，期待已久的研习营终于掀开布幕，正式开营。随后我们共同在科艺中心前的台阶留下最青春洋溢的照片，随即迎来本次的研习营的最高潮。

第一门课由全国台联汪毅夫会长为我们做"中国制度史专题讲座"，讲座从 1987 年的台湾谈起，这一年是两岸关系大幅转变的一年，是让相隔两岸近四十年的中国人重逢的日子；随大陆改革开放后，台湾地区的红十字会设立办事机构，开始受理台湾民众返陆探亲，这是许多在台老兵或其在陆眷属盼望已久的大事。四十年过去，有的老兵尽管父母亲已经仙逝，还是会亲自到他们坟前痛哭。这样的场面在近年来经常上演，每每令我为之动容。

我认为从"返乡探亲"到"寻根谒祖"是作为中国人非常必然的过程，我经常翻阅族谱，起初对其从夏代即有记载感到不可思议，翻至始页，即见此族谱系"后汉主昭烈帝刘备字玄德乃西汉景帝第九子中山靖王之后裔编修"，先秦时代，先祖从黄河中下游、中原再一路往南，唐代抵达福建，随后转进广东言来一带，清代再迁往台湾来。所以，我希望我们若有机会，不妨来趟寻根谒祖之行，认识每个人自己的家族历史，这是一个可以让我们得以认祖归宗的脉络。

汪会长的演讲，最令人印象深刻的是其曾祖父汪春源先生，作为台湾最后一位举人，曾经赴京参与会试，正像我们这群在陆台生，抱持着奋发向上到异地求学的精神。

第二门为陈孔立老先生所讲"中国移民问题"。陈先生从当前欧洲移民论起，说明移民问题是每个时代皆有的问题，只是以不同形式存在着，或许欧洲移民问题离我们较远，然我们尚有认识中国移民史的必要性。自明代大规模的移民开始至今，现在大部分的台人是从闽粤乃至全国各地迁移而至，我们熟悉的"唐山过台湾，心肝结归丸""六死三留一回头"，这些俗谚呈现当年先辈们赴台生活的艰苦史。

第二天上午由邓孔昭老师讲"明郑史"，谈及郑氏家族与台湾的开垦。此次厦门行，发现为数不少与"国姓爷"相关的历史印记，如我们所在的科艺中心这里，也就是所谓的"思明楼"，或是校园外头的思明路、演武路及鼓浪屿的日光岩等，均能见到郑氏赴台前在厦门留下的足迹，台湾就更不用说了，特别是在今天的台南市。顺带一提，台湾著名的诗人郑愁予先生还是郑成功的第十五代裔孙呢！

谈到明郑史，不得不提开台王颜思齐，他是郑芝龙的拜把兄弟，他们还曾立下誓言"生不同日，死必同时"。可惜颜思齐英年早逝(年仅三十七岁)，而后则由郑芝龙作为盟主，继续展开拓垦台湾大业。连横先生在《台湾通史》有云："又尝过诸罗之野，游三界之埔，田夫故老，往往道颜思齐之事，而墓门已圮，宿草莱焉，呜呼！"文中的"诸罗"即今日嘉义，"三界之埔"为今日的三界埔地区，也就在我的家乡，从地图上能见到颜思齐的墓园就位在我家后面的山，然今日为军事营区，未能有如连横先生一样的机会前往拜访，但每年的清明前后，仍有许多来自两岸的颜氏后代前来"寻根谒祖"。

下午林国平老师的"台湾宗教信仰概论"中，据老师介绍其走访两岸民间的调查，许多台湾现有的庙宇几乎是从大陆沿海一带传播过来的，除客家人信仰的三山国王外，均是从漳、泉州传播至台湾，甚至台湾庙宇的神像许多还是由大陆这边所分灵过去，对于尚未亲眼见识漳、泉州这里庙宇的我而言，确实非常好奇两岸庙宇文化何以如出一辙，但愿下次有机会亲访这些地方。

除白天课程之外，晚上还有别出心裁的"分组讨论"，组员除能够增进彼此间的熟悉，还能发表自己的想法与其他台生共同讨论，甚至可以在彼此谈论间想方设法找到众所未知的新答案，有助建构台生对于两岸关系的宏观视野。如我们这组的讨论会，简直可以用"欲罢不能"四个字来形容。大家将平时没机会谈论的话题尽情抛出来，让我们非常享受这个过程。

当然还有前日晚上在体育馆举办的联谊活动，让学员们可以将白天专注听讲的疲倦舒缓一下，进而再次透过团队间的交流认识更多伙伴。倘若自个儿还有拿手绝活的，还能与学员们共享之，真是愉快的夜晚。

活动展开的三日后就是今日的闭幕式，闭幕结束后接着还有参访行程，有我最期待的"客家寻梦客家楼"的永定土楼，还有闽台博物馆。

很高兴在本次台湾史研习营活动学习到深入浅出的台湾史，尽管五天的时间不算太长，但我觉得充实饱满，至少让我今年暑假过得特别有意义。得以在此次研习营学习的基础点上，磨炼自己的同时，让自己更认识更多，而不是以单纯的想法去理解和认识我们的过去，更让我深入地探索，为自己打好基础。

最后，特别感谢中华全国台胞联谊会、两岸关系和平发展协同创新中心、台湾大陆地区高校学生协会，及厦门大学提供这么棒的场地，预祝本次的研习营能够圆满成功！演讲结束前，我希望以陈孔立老先生的一句话再次与各位共享之："寄希望于青年一代，有志一同！"谢谢大家。

台湾人如何融入大陆社会

□ 曾怡瑄

我是来自台湾宜兰的普通女孩，宜兰位于台湾岛的东北部，上临新北市，下接花莲县，左接壤新竹县、桃园县，右临太平洋，宜兰可谓"好山，好水，好风光"。

本人自小学五年级就举家迁至广西桂林市，到了初中二年级，又搬到了福建省厦门市，读完高中后，在广州生活了将近一年的时间，之后在北京上了大学直到现在。所以严格来说有 12 年的时光，我生命中的超过一半的时间我是在大陆度过的。我觉得自己算是比较融入这个一开始对我来说陌生的环境，所以我想简单谈谈我的经验。

首先融入的意义对我来说就是像生活在家乡一样自然，与社会为一整体。我觉得要想融入一个团体，首先要先适应这个团体，要适应这个团体，就要先了解这个团体。以下是我总结的个人认为最重要的三个要点。

第一，要了解大陆群众的喜好，流行趋势等。随着"文革"结束，改革开放，人们的思想如同脱缰的野马，再加上网络的日益发达，两者相互促进，形成了现在特有的一种现象，就是网络用语的泛滥。就像现在所流行的"我也是醉了""宝宝心里苦，但宝宝不说""那么问题来了……""老司机"，还有早期出现的"酱紫""GG"等等。反观台湾，其实台湾也有流行的网络用语，但是相隔一道海峡，确实让两岸文化存在着某种程度上的差异。我曾问过我在台湾的朋友，他们对大陆的这些网络用语的意义大部分是不知道、不明了，觉得莫名其妙。网络用语的来源一般是电视节目的经典语句，各地区的方言，谐音字，网友们的评论等等。网络用语，不仅反映了大陆人民的生活情况生活状态，更展现了大陆人民兴趣趋向关注趋势。运用网络用语表达人们的心情，使得同样的话更生动，更有气氛，更能抒发情感，自然能被大众选择。我也发现了当我与大陆同学交流时，网络用语甚至可以成为他们的口头禅。所以，能够了解大陆的网络用语，关注他们所关注的热点，我们才能有话可聊，才能更好更快地融入大陆的生活。但是，我要补充说明的一点是，对于大陆各式各样的文化，我提倡多了解多接触，以便能渐渐融入其中，但是否学习，把它变成自己的习惯的交往方式，完全取决于个人。

第二，不要有身份优越感。我接触过一些刚来到大陆生活的台湾朋友，我发现他们很容易去批评大陆人素质低，服务态度差等，在内心默默想着台湾的各个方面都做得比大陆好，从而心理上有了一种身份优越感。一旦有了这种感觉，也就暗示着自己不属于这个领土，暗示自己本质上不同于在这个土地上生长的人，那么想要很好地融入就很困难了。就如同我第一点提到的网络用语的问题，有的台湾人会坚决反对学习大陆网络用语，甚至嘲笑自己的同类对这些网络用语的灵活运用，以之为耻。也许对一些农村人来说，身为"台湾人"会让自己更能被人重视关注，但是在城市里这套就不怎么管用。我们也能从另一个角度想，假如有天你去了美国留学回来，说了一口标准的美式英语，那么别人是会以之为耻还是对你赞赏有加呢，把这种情况放到大陆来看，就不要有那么大的分别心了吧。

第三，我觉得蛮重要，同时也是大家心知肚明的一点，就是避开政治话题。

以上三点是我10多年来的经验，希望能给看过这篇文章的人一些帮助。

大学必修学分：社团交际圈

□张顺捷

作为一个在上海的台湾学子，为了更好地丰富我的大学生活、培养多种兴趣、锻炼我各个方面的能力，在我本科四年内，我参加了三个校内社团和一个校外社团，分别是中外交流协会 (FACES)、高尔夫球协会、爱职科创和上海浦西扶青团。

大一刚进校园，我便加入 FACES。它是一个学术性质的社团，主要目的是建立起斯坦福大学与中国大陆几所重点大学的合作交流，每年定期组织在北京、上海、浙江和美国加州之间互访。在担任人力资源部部长期间，我负责组织人员选拔、举办社团内建等多项活动，而在随后担任副社长任内，我更要协调统筹校内外资源、组织举办多项校园讲座活动。在这个社团中，除了与国际友人的交流促进我的英文能力，更多在担任干部期间，让我学会协调各个方面资源，也让我学习与奠定管理基础。

在大二上的时候，由于我个人的兴趣爱好，我又加入高尔夫球协会，并在大三下开始担任社长直到毕业。借由FACES 的经验，我将一个社员不足 10 人濒临解散的新社团，发展成为现在在校成员已经过百的活力社团。对外，我跨出学校甚至上海，带领校队参加各级比赛，也带领社员参观国际赛事拓展视野，扩大社团的影响力和知名度。对内，我除了协调球场场地与教练训练社员，也积极针对社团内的不足改革管理结构与制度，使得社团迅速复兴成长。在这个协会，我不但锻炼了我的球技，也感受到巨大的成就，加深对管理的见解，更重要的，高尔夫拓展了我的人际关系，我结交了许多志同道合的朋友，也将交际圈扩至全大陆。

大四上开始与三个好友筹组爱职科创协会，并在大四下学期在复旦正式成立。它主要是一个为在校同学提供兼职讯息的平台。作为创始成员之一，我负责外联工作，培训并带领小朋友走访商家，签订合作协议，并与各个学校志同道合的同学一起努力，期望未来能够整合整个上海各地的资源，成立一个大型的校园平台。这个社团就像创业的缩小版，一开始的计划与团队，到后来的扩大规模与资金赞助，再到后来的业务展开环环相扣，从无到有，自己亲身经历社团注册、起步、发展的每一个环节，与职场人士更多的交流中也亲身体验社会生活的艰辛。

另外，在 2015 年 11 月，我参加了上海浦西扶青团第一次活动，也是中华第一社的创始活动。成员都是在上海的台湾青年精英，有在读学子也有社会新鲜人，大家都怀着满腔热血齐聚一堂交流未来展望。社团除了定期邀请行业前辈作经验分享与未来指导之外，也不定期地会参访由母社浦西扶轮社所提供的企业导览。这个社团让我进一步扩大了交际圈，借由社团提供的管道，深入了解商业社会的运行脉络，为我的职业选择提供了指引。

学校是社会的缩小版，而社团就像公司的缩影。凡事从头学起，都会有挫折失败，在大学时参与社团，能够让我提前体会到社会的方方面面，以较低的成本不断试错，所以我非常推荐，也很庆幸我尝试了许多社团。社团，除了扩大我的交际圈，也培养我的组织、协调、统筹、管理及沟通交流的能力，为日后工作奠下基础。

Tips:

1. 愿意付出课余时间，并花大量心血投入其中。

2. 找寻社团现阶段的缺陷与期望达成的目标，列出可行的改善方案。

3. 除了寻求老师的帮助，也要组建自己的团队，人多力量大。

4. 凡事计划完善，但可能会遇到插曲甚至挫折与失败，但不要气馁，再接再厉，肯定会成功。

图为复旦大学高尔夫球协会活动

逐梦蓝图：台湾女孩勇闯上海

□陈郁婷

　　曾经，我对大陆一无所知。直到 2014 年的冬天，我来到上海，展开为期半年的交换生活，如今回想起来，那段日子实在太过"梦幻"、太"超出期待"，致使我一直怀揣着要重返上海的梦想。白天的上海是忙碌、国际化的大城市；而夜晚却摇身一变成为略带诱惑之感的魔都，上海似乎拥有一种神奇的魔力，她让所有到访过的旅人、游子产生依恋，在离开后，仍然念念不忘，使我不禁赞叹将上海唤作"魔都"的第一人，魔幻般的上海，的确名副其实！尽管现在是在北京求学，上海仍是我心目中的第一名。

　　作为一名交换学生，除了读书、上课，旅行和结交来自世界各国的朋友也是重要任务，这不仅仅是玩乐，更是提前"社会化"的一步。离开熟悉的舒适圈，试着独立生活，从食衣住行开始都要自己打理，能相互帮助的就只有初认识的室友，这也是为什么同期的交换学生们能有如此深的感情。我想，上辈子，我们必定是有很深很深的缘分，才让我们此生相遇、并共同在异乡生活，我永远感谢她们，因为这群人是能共享乐也能共吃苦的"有缘人"，不论是吃饭、睡觉、上课，或是玩乐、旅行，女孩们几乎是 24 小时在一起，我们来自台湾的各个城市，彼此的生活经验截然不同，尽管各自怀抱着不同的梦想和理想，但交换生们的共同点便是，勇于表达、敢说敢做梦，并大胆地去执行，对未来、对旅行、对自己所爱，每个人都有一套自己的想法，我非常喜欢这样的状态、这样的我们，能够相聚在上海，本就是旅行中意外的美好。

说到这个意外的美好，在上海结识的各国朋友于我也是有同样的意义，这也让我深刻明白英文的重要。语言虽然只是沟通的工具，但若不常常使用也会生疏，尤其是口语表达的部分，当年在上海的日日"磨炼"，英文几乎成了母语的程度，我还曾帮忙意大利朋友处理租屋的事情呢！我的见解是，出门在外，保持一颗乐观开阔的心，总能够获得许多意想不到的经历。

今日，我几乎遗忘了初到上海时的所有不愉快。5 度的寒冬，刚搬进宿舍的第一天，没有电、没有热水，在漆黑的房间里，冷得只能不断往身上添加衣物；到其他城市旅行时，难熬的长途硬座火车、拥挤的人潮，是在台湾不曾体会过的，还有什么呢？我好像只记得上海给我的美好，任何困难皆已化作人生中难以忘怀的回忆，说我神经大条也好，过于乐观也罢，那段日子总能让我再三回味。而来自台湾的小女孩，在勇闯上海后，似乎也多了些什么，或许有那么点成熟，或许有那么点成长，我很庆幸能在年轻的时候接受上海的洗礼，也逐渐完成梦想的蓝图。

来到北京读研，是上海交换生活的延续，也是人生中的一项挑战，不论未来我还会流浪到哪儿，我所爱的上海，永远都会这么充满魅力，并且对来自世界各地的人们敞开怀抱，那东方明珠塔的灯光依旧会在黄浦江的一岸闪闪发亮。

从台校到本地学校：
我的换校经验与大学选择

□管俪婷

我小学的时候因为爸爸的工作在上海，只能每几个月全家人团聚一次，到了六年级毕业后，家人开始跟我商量去上海读书。我一开始不太能接受离开台湾，这里是我从小长大的地方，而且学校里几乎大家都一起直升初中，另外，心里也挺没自信去和一群生长背景完全不同的人做同学，于是经过很多考量，那时候最终选择到上海台商学校就读。

13岁那一年，是我第二次到上海。但这次不是旅游，而是定居。对突然产生剧变的环境，坦白说，我不太适应。我在初中生活开始前参加了暑期辅导，慢慢适应学校的脚步，因为大部分老师和所有教材都是台湾的，所以不会太难适应。台商学校里的所有同学也都很温暖，大家都是身处异乡的背景，这使我们更加团结，所有台商学校的学生感情也都很好，即使身为台商学校的学生，回台湾却也时常碰到争议的情况，比如：台校学生证不享受学生待遇。但我依然为自己身为台生而感到骄傲。

初二的时候，有次班导叮嘱我们要提前考虑，日后直升台商高中时，究竟是选择社会组还是自然组。那时候起，我才真正开始考虑以后的志向。因为我从小就对绘画方面有兴趣，也上过一些相关的课程，希望以后能让自己的兴趣成为工作，也希望大学能念设计相关的科系。在一次朋友推荐的机会之下，我听说了一所法国的时装学院同时在上海也有校区，这对想学习服装设计却又暂时不打算出国的我来说十分合适，为了到一个能专心锻炼英语能力的学校，于是我又一次没有选择直升同校的高中。

初三的时候离开了相处三年的同学朋友，转校到了上海师范大学附属第二外国语学校的国际部。虽然来了几年了，但，这才算是我第一次开始接受大陆的教育。虽然这所学校是一半美语的方式教学，而我读的部门是两年制的高中，但还是不大习惯大陆老师的上课风气和学校高层复杂的关系。不过学校里的同学与老师都很有趣，国际部里各式各样的人也让我长了很多见识。跟初中三年比较起来，两个学校都是有利有弊，但我主要是希望自己能在国际学校里习惯与外教交流，提升自己的英语水平。初三的时候很幸运，我的班导是一个非常优秀的英语教师，帮我铺下了好的文法底子，而现在的高中给我了很多活用英语的机会，这样更加能够离我的梦想更近一步。

2016年暑假，我刚从高二毕业，开始准备大学的入学测验，对我来说一步步按照自己的喜好以及梦想前进是非常幸福的事情，希望我能够凭借自己的努力实现所有理想。

而我想身为台生的大家，不需要对自己以后的方向感到困惑，虽然身处不同的地方，但也许会有不同的机遇或是取得更好的资源。最重要的是要提早考虑自己未来的方向。因为，不同科系或学校的选择都可能直接或间接地影响到你以后的工作，别等到所有人早已向理想踏出第一步，而你还却步不前。与每一位阅读本文的读者共勉之。

这年，我来大陆参访五次

□张敬仪

总有人问我为什么这么喜欢大陆，我说："就像你为什么这么喜欢红色一样，发自内心、没有道理、也无法解释。"

自 2015 年起，一年之内，我前后共来了大陆五次，见着了许多美与不美的地方。我被浦东机场里的电信业骗过钱、被食品店骗过钱、被小吃摊骗过钱、被出租车司机骗过钱；上过无法冲水的茅厕、没门可合的交流道厕所；在知乎上遇着没去过台湾还大肆议论批判的网友、遇着网友私信我"杀死台巴子！"；到了上海地铁站也不觉得无障碍空间发达，亲眼看着坐轮椅的老人颤颤巍巍地撑起身子上四层的楼梯，看着抬行李的人群艰苦地上楼。这些都只是生活的小事。你可以说这些都没有什么，习以为常，层出不穷，不足挂齿，但真正关键的软实力恰恰就藏在细节里。身边总有朋友，拜访大陆一次后，便谢绝再访了。我能理解，但也深感惋惜。

身边的朋友总好奇我"怎么不'反中'了？""怎么老想到大陆？"我说："因为我被它好美的时候迷倒了。"我每次返台时，都殷殷企盼着再回去大陆；每次拜访大陆时，都不愿回台湾。在大陆的每天，我都很期待晨光，迫不及待地想赶快奔出去玩、去看、去感受，去体验这里的一切。在我眼里，大陆哪里都有可爱、新鲜、有趣之处。

我曾经对大陆零好感，反感别人说我是中国人，嫌弃大陆货，虽然我是1949年大迁移的第三代，但我一点也没有认同感。我的转变始自大二开始与陆生接触，进一步开始了解对岸之后，我才有了相判云泥的改观、才深深地爱上大陆。我喜欢那些与陆生交流的时光，那些他们用思想冲击我的瞬间，那些他们尽地主之谊领我穿巷弄跨县市的光影，那些我发现日常惊喜的片刻，那些我认清自己渺小的体悟，那些我饱览悬崖峭壁波澜壮阔的景象，和那些，大陆通过我的食道，抓住我心的欢愉。

是朋友与美食，敲碎了我对大陆筑起的长城。每个地方都有它光彩和青灰的两面，审视的角度取决于自己。看见不美的时候，要警惕自己，宽大为怀；看见美的时候，要多加学习，谨记在心。就像你清楚红色跟污灰搭在一起会丑得令你难受，但你仍记得它与白色在一起的美艳和谐。

今年，我有幸应届考上外贸协会的两年期阿拉伯语组培训项目。很多的前辈都提醒我"女生不适合往中东发展"，但我仍然想给生命一次未知的惊奇。因为，我看好"一带一路"及亚投行。世界很大，有千万种解读方法。我选择跟随大陆的脚步，把自己的后半生与大陆紧紧地镶嵌一起，我坚信未来会更进步、更美好。我看好十六亿人口能带给我的商机，看好大陆方面规划出足以影响地球的政策。我想从事中阿地区的国际贸易，想成为上海的永久居民，想在大陆创业，我有信心再次看到华人站回宇宙的中心，我想站上神州大地，瞭望世界。

我想，永永远远，待在，心中最向往的地方。

一种宏观的视野：从两岸清华眺望

□ 郑维雄

　　在儿时的学习与成长过程中，清华总是深深吸引着我，在工作了多年以后，为了读书兴趣与愿望实现，想再进修博士深造，清华一直是我心目中理想的校园。清华是一个在中国历史上相当特殊的学校，经历了抗战时的南渡，胜利后的北归，但其后又旋即因两岸因素而别离，而我有幸再见到它的重逢。

　　2012 年 8 月我负笈到了北京清华，学习传媒经济，度过了四年的悠然时光。历史厚重的清华，在园子里无处不见曾经在台湾教科书与许多书籍里叙述的陈往故事，是一种陌生的熟悉，依稀而醇然。在学院宏盟楼三楼研究室的窗外，顺着方向可以看见一教、二教与大礼堂的草坪。在清华已观赏过许多次的荷塘月色、荒岛、万泉河……秋去冬来，四个寒暑，已习惯爬墙虎的绿叶茂盛与秋红，还有银杏的鲜黄，读书确实是一种幸福时光，在知识中徜徉，也在研究中提升与精进自己。

2015 年 9 月因着在两岸清华共建的清华海峡研究院，我参与了甫开始的两岸清华文化艺术与教育的各方面交流。2016 年举办的北京清华艺术团拜访庆祝新竹清华 60 周年在台建校校庆表演活动，让我见证了两岸清华的重逢。清华交流与合作，使我渐渐深入了解两岸清华，因着一代斯文的梅贻琦校长的守护与渡台复校与创建，两岸清华共同闪耀着培育英才的光芒！拜访新竹清华，散步昆明湖，看见二校门，造访苏格猫底，从台积馆再眺望斜坡下的大草坪，感受两岸的清华就像兄弟俩的神貌相似，一样的行胜于言，一样的自强不息、厚德载物。

我的读博与学习经验，美好如昨，历历难忘，同时也有深刻的经验，毕竟两岸相隔许久，在学术上虽然用的都是同文同语，但是许多表达与词语习惯用法仍有差异，在修改博士论文修辞表达的那一段日子，确实倍感艰辛，这只有靠多读多写多理解差异与调整，才能补拙。

学习，像一场带得走的盛宴。在清华，这桌筵席更是丰盛得无可比拟，品尝的方法是，要有好的学习计划，大计划中有小计划，一学期又一学期，一点一滴累积，既是学习也是培养，主动探求是不二法门。在清华，我所遇见的老师更重视于思想的训练，这些思想训练在于提升视野高度与方法精度与资讯的广度，从漫无规则的信息中提炼出精准的判断与过人的智慧。

无疑，清华汇聚了两岸莘莘学子，从清华，你会看见百余年来的历史，思想历史长河与人生一瞬的交会，重新审视价值更加透彻。穿透历史去望两岸与世界，对自己的角色定位有所悟，逐渐转化为关心中华文化与世界的情怀，大胆期许自己勇敢领向未来。

毕业后寻找高校教职经验分享

□侯志君

在大陆的大学谋职主要有三个基本的要求，分别是：年纪、博士学位及已经发表的论文数。而且一般印象中较好的学校，更倾向录用年轻、发表期刊论文数量多，且所投的期刊的影响程度高的博士。

对年纪的要求，各校的条件不一，有些要求较严的学校对中级讲师多要求不超过35岁，副高级的副教授不超过40岁；正高级的教授不超过45岁。但如果特别优秀或紧缺的职务，可以适当放宽。所以在求学时，想进入大学任教者，应先思考自身条件。

在校期间的学习过程中，所发表的期刊论文量达到毕业要求之外，可以思考再多发一些期刊，即使被影响力较低的期刊所接受，也可以扩张自己的学术成效。笔者在学期间，知道一位学姐，在校的前二年中就发表了十余篇期刊论文。所以，在毕业前就已经站在选择学校的高度。另外，在校期间的生活过程中，应广结善缘，意识到老师、学长、同学、学弟及其他教职工需要帮助，应不吝于给予协助。例如，某台湾学生在求学期间，结识了一些大陆同学，而经常代大陆同学找寻书籍、论文等资料，并提供在台求学、旅游等意见。在这位台湾学生毕业前除了有大陆学长主动介绍到大陆的大学兼课外，也有其他的大陆同学及其家人为这位台湾同学找到薪资、福利均优的学校。

台湾同学如想在大陆从事教职，建议可在高校人才网的微信公众号或网站进行查询。因为高校人才网在每一个上班日均会更新各种工作讯息，有意从事教职者，可以在此取得第一手资料。除了在高校人才网去查询之外，也可以关注新学校、新专业的调整或提升，因为这种情形下，大多需要新增师资，投履历给用人单位，会有较高的录取机会。

开始谋职的最好时机，可以循"九金十银"的概念，即最好在九月份开始配合学校的求才活动，最晚十月份也应开始应征。否则，合适的职缺将被他人捷足先登。

在准备试讲的时候，简报软体（即软件）以现况而言，建议以 powerpoint 为主。务必将简报软体做到精致，并显示出具体的知识体系。另外要先找自己同专业的朋友当学生，进行预试讲，先行找出自己试讲不足之处，再找担任过老师的同学检验试讲能力。

在正式试讲时，宜先说明学生在听完后所应有的效果，例如：有台湾同学曾到某大学试讲，一开始先说明听完本课程之后至少应有三种能力，即可因应相关职业考试、可以自行理解各不同学者间在教科书上不同的立论及在阅读相关的期刊、案例时，有自己的想法。

其次在课程的选定上，不要选该课程的绪论类或过于简单的课题，应该要直攻具有理论冲突性、前沿性或操作性强的课程。以笔者听过几次试讲为例，绝大多数的试讲均以该课程的入门为主，如果以这种课程进行试讲，台下听课的老师可能因重复过高，推测试讲人入门课很懂，但对其他进度有疑虑。反过来说，选取具有理论冲突性、前沿性或操作性强的课程，在听试讲的老师印象中将会有先入为主的优势，甚至在试讲后很快得到被录用的消息。

两岸学习的对话与省思

（谈教育行政学与两岸法律的学习历程）

□林作贤

2009 年五月初，除了是广大的劳动群众欢欣过节的日子外，也是笔者所服务的学校（台北县中和小学）百周年校庆的日子。刚完成《资优教育与哲学对话》的文章，也将于母亲节出版《资优科学动动脑：台北县中和国小百年校庆资优班纪念作品集》一书，接下来是准备《狂狷四十》及《教育行政学概论》的编著及博士论文的撰写。继上学期修习卢教授雪昆博士所开的科目《书经》《诗经》哲学思想研究、康德的形而上学研究之后，选择修习《易传》哲学思想研究、康德的形而上学研究，期许对教育行政工作有多年实务经验（"国北师院"校长领导 40 学分班结业、台北县主任储训班学员长、台北县特教中心辅导员等）的笔者，能经由因担任香港新亚研究所所会（学生会）主席而主办新亚研究所学术讲座（2/7-3/28）所累积沉淀的学习省思（宗教对话），使得教育行政学有理论与实务相互验证的机会。

笔者从师专生的在职进修到研究所的学习展现：笔者曾为初中中辍生，1985 年以同等学力考取台湾省立花莲师范专科学校，于特殊教育组结业（79 级）派任小学教师（1990 年暑假），实习一年且服役两年退伍后担任资优班教师（1993 年），也考取台北市立师范学院特殊教育学系（暑期部），于 1996 年毕业（特殊教育学士）。持续的学习已经成为笔者生活的一部分，就国民教育工作者的学习历程而言，透过在大学法律课程的学习，笔者有机会扩大公共服务的层面，心中十足感恩且更加珍惜。

因对法律的兴趣而先前往中原大学进修（财经法律系土地登记代理人学分班），实为法律启蒙，并开始前往补习班再进修。1994 年夏天在教育职场上因受具法律背景的主管激励，以"行政裁量权"的非理性来凌驾专业论述，因此决定在师范学院毕业后研读法律且朝文教法律专业努力。报名文化大学法律研究所学分班（忠孝分部）进修（1996–1998）。24 学分结业的跨域学习，2004 年经由行政命令废止且县长专函同意，让我有机会以一般生考取并带职带薪进修公共事务学研究所（日间部）硕士班（MPA）的研究生（2004–2008）。虽然师范学院毕业后，一直想透过各种研究与进修的机会（量化、质化、行动研究等）来验证曾经学习的知识，虽然无法完全解决职场上所遇到的问题，但都能有深刻的思考过程与较为满意的收获。

2008年以量化研究的方式完成硕士论文（佛光大学公共事务学研究所）后，行政与法律的学习与进修成为持续不间断的习惯，也是提升工作效能的基石。应届考取香港新亚研究所哲学组博士班（2008–2015），利用假日进修，且在数年后决定归零再到文化大学法律学系硕专班学习法律，并积极尝试撰写法律学的论文。回流再学习且加修民事诉讼法3学分（累计27学分的结业资格）后，2011年正式成为中国文化大学法律学系硕士在职专班的研究生，是个人法律学终身学习的另一个阶段，也是人生规划的挑战与目标，除了可以圆梦（完成法律学领域的论文），更是未来（从主任到校长退休）参与公共事务（人权法律工作者）的行动展现。笔者感谢教授们的教诲，并转化感谢的力量成为积极研究的行动。

写研究论文（报告）是这些年生活的一部分，从寻找研究主题到收集资料都是必需的过程，硕士（2008 年）后也积极参与国内外学术论文发表，到 2011 年 4 月已经有期刊及会议论文超过 20 篇（含国外 3 篇），但心中一直有个想法：想写一篇有关法律学终身学习的经验的文章，除了与师长同学分享外，也是一次再度蜕变与再次出发前的静思与沉淀，希望永远都能以法律人为荣。少子化开始的年代（1998 年）也是笔者初为人父的转换，有一段蛮长的时间都是亲自照顾婴孩而开始学习如何当一位父亲（曾与内人商量决定买下幼稚园由其经营且供宝贝女儿就读）。直到三年多之后因为国内校长证照制度的理想与推动，而有机会经由董校长推荐报名台北教育大学"国民教育"研究所（后改为教育政策与管理研究所）的校长领导班（校长培育中心办理）甄选，幸运甄选入班开始展开教育行政与学校行政的两年学习（每周六上午九点至下午九点），修毕 40 学分后完成"校长学习档案"及"学校经营改善计画书：以台北县中和小学为例"结业论文而获得结业证书，奠定笔者迈向学校领导之路的基础（如有机会希望能创办一间以推动"自主学习"为主的理念学校）。

从学生运动的亲身参与（1990 年）至教育改革运动（410教改：担任社区联络人），从学校教师组织（学校教师会）成立的发起人到担任学校教师会理事长（两届两年）。故累积许多社运经验与学习的能量，而能从台北县四年（两届）县级教师会理事的积极突破中，有法案游说（"师资培育法"22条）及兵役代课自救会与退休教师自救会成立等的实际经验。有一段时间也奉县教师会理事长指示代理申诉法规的服务工作，让笔者累积许多法律实务经验，先后也曾经获聘担任新竹县教师会、台北县双和区国际青商会等非营利组织之法律顾问。1990年派任至中和市中和小学服务，2004年第一次主任储训（推荐储训）因研究所进修而放弃介聘，2010年第二次主任储训（甄试储训）后商借至贡寮乡澳底小学服务，2011年则商借至平溪区十分小学服务。

　　曾论文投稿北京大学法学院获录取，但因无法请假而放弃前往发表（2012年5月）；也参加移地教学至中南财经政法大学交流（2013年8月）；并在中国文化大学大新馆参加研究生论文发表（2013年11月）；及前往杭州师范大学法学院参加《法律继受及其本土化》研究生论文发表（2013年12月）；2014–2015年因受师长鼓励，继续在中山与中国大陆研究所博士班及台湾政治大学国际事务学院"国安专班"继续学习（2014–2015）。2015年是感恩的一段学习历程，常常听教授分享学术研究论文的投稿历程（包含：直接刊登、修正后刊登、修正后再审与审查后不通过），因此鼓起勇气继续尝试撰写法律与政治学相关的论文。2015年1—6月有三篇论文在研讨会发表（台湾政治大学／中国政法大学／台湾空中大学）。

由于本学期工作之余的研究时间有限，且笔者身为新北市家庭教育中心辅导员及人权教育研究员，故仅在相关课程的学习后书写历程。笔者是大学（师范学院）后开始学习法律，可以称为学士后才决定进入法学院的新鲜人，零存整付且持续学习是笔者坚持的学习态度，因此希望对自己的法律学习历程再检视，透过真正面对问题且学习解决问题的思考训练，来享受学习法律的一点点乐趣。法律的学习是先苦后甘的，心中充满许多感恩。正如同曾经写过一段话谢谢某位在学分班教过我的教授，记得是这样写的："一直忘记当面向您说声谢谢！深觉法学浩瀚！"除了2014年11月17—18日参加2014海峡两岸国际私法学术研讨会外，今年还有4月19日国际私法学术研讨会及5月1日当前金融法制新趋势学术研讨会，都是学习的好机会。

笔者经由阅读与进修了解中国大陆经济成就的实况与脉络，也与笔者在2008年秋天亲自前往香港新亚研究所进修及多次在大陆的实际蹲点经验（北京中关村、上海、江苏江阴、重庆、广东、杭州师范大学、中南财经政法大学等）相结合，将理论与实务相印证，并尝试与中国大陆研究的相关课程学习相结合，期盼能够梳理出在两岸和平的发展下，理解东亚情势变迁的脉络与趋势。化整为零的坚持及资料重新再整理，是笔者进修的期许，透过相关文献的阅读及师生互动讨论，让笔者尝试在制度论与新制度论的学习中，再重新思索能够研究的方向与累积。2015 年开始将独立研究的学习（中国大陆研究）与发表的机会相结合，元月份在政治大学（顶尖大学计划）的研究生工作坊论文发表、3 月 12 日在空中大学的学术研讨会及 4 月在中国政法大学的研究生论坛等，都是逐步踏实的努力与教授们的指导与鼓励的结果。

公共行政硕士学成后前往香港进修，而且多次参与由中国文化大学及政治大学等所办理之研究生论坛（北京大学法律系劳动法论坛、中南财经政法大学法律考试论坛、杭州师范大学法学院法律继受论坛等）来补足资料阅读之不足，最近的一次是 2015 年前往中国政法大学法学院 (4/2–4/6)，参加"蓟门华网"首届法学青年学子论坛暨研究生论文发布会。笔者刚好也是从 1997 年前开始经由香港进入大陆，除了透过留港学生的身份在科技业（中关村）服务外，也进行实际观察。高新技术（高科技）的发展是笔者观察的核心，以资讯内容保护及机器人双方从技术转移到彼此合作，从市场的基础到科技整合，未来应该也是如此。

笔者于 2014 年底参加两岸和平国际学术研讨会（就技术而言，都是从台湾新竹科学园区及内湖科技园区开始导入，由政治大学与人民大学轮流办理），从彼此顶层设计相关的战略思维来省思，在"一带一路"（国家领导人习近平在 2013 年 9 月和 10 月分别提出的概念，他提出了建设"新丝绸之路经济带"和"21 世纪海上丝绸之路"的战略构想）的战略规划下，重新了解及思考台湾的未来发展。笔者近十多年来，经由书籍阅读、学位进修与实际居住，来了解中国经济成就的实况与脉络，透过多次在中国大陆的实际生活及观察经验（香港留学，北京中关村工作，上海、江苏江阴、重庆、广东、杭州师范大学、中南财经政法大学、中国政法大学等交流）相结合，尽可能将理论与实务相印证，期盼能够梳理出在两岸和平的发展下，理解中国情势变迁的脉络与趋势。

为什么要来大陆求学

□黄熙傑

2004 年，我高中毕业后，直接来到大陆学习中医，从本科一路读到博士，并考取大陆执业中医师，成为北京同仁堂的一名中医师。"为什么要来大陆求学"这个话题，是每年我回到母校"松山高中"都会跟学弟妹探讨的问题。

在很多台湾人眼里，来大陆求学是一件让人无法理解的事。除了空气不好、污染严重、食安问题、不守规矩等，还有许许多多这样那样的理由，让众多家长无法接受自己的子女来大陆求学。当初我决定来大陆念大学时，也曾引发一场家庭革命，除了我母亲以外，家族所有人都反对。按照家族传统，我应该是高中毕业或者在台湾念完本科后去欧美留学，大陆绝对不在考虑范围内。但是，18 岁的我不想委屈自己，不想在台湾念一个自己不喜欢的专业，心中只有一个声音："我要去大陆学中医！"于是，在母亲的鼎力支持下，我顶住家族压力义无反顾地走上了赴大陆求学之路。

是什么让年少的我如此坚定地要来大陆呢？是梦想，梦想给了我力量。我在初中一年级的梦想就是成为一名中医师。这个梦想支撑了我在大陆 12 年的求学生涯，让我没有退缩没有后悔。

当然，光有梦想是不能当饭吃的，除了梦想，现实肯定不能丢。所以，在我们思考要不要来大陆念书的时候，首先，我们需要想清楚的是自己究竟想要做什么，而不是听父母说"这个大学好，将来好找工作""这个系所好，将来赚钱多"等等。目标明确后，我们需要进一步确定是留在台湾实现梦想比较容易还是去大陆比较容易。在台湾，高中成绩如果不是很好，别说好大学，自己想学的系所都不见得报得上，比如我，高中成绩平平，如果想在台湾学中医，基本是天方夜谭，可是在大陆，相对比在台湾容易得多！也因为如此，现在回台湾跟死党出去聚会，大家都在感叹我这个当年看起来最不可能念博士的人，现在是个大博士。不过，这并不代表来大陆的医学生实力有多差，医术的高低和大学联考成绩并没有成正比的关系。因为大陆的学校多，加上对台湾学生的政策优惠，这让我们来大陆念大学有了比较多选择的权利，可以学自己在台湾可能没有机会学的系所。毕竟，因为一个联考成绩，葬送一个有梦想并且有机会在这个行业发光发热的年轻人，真的很可惜。

于我而言，来大陆求学是一场圆梦之旅，圆一个在台湾可能永远只是一个梦的梦想。这个过程没有你想的这么艰难，当然也没有你想的这么容易。如果你只是抱着求文凭的心来大陆念书，你可能会很痛苦，异乡求学，陌生的环境，陌生的人，不是谁都能忍受。当年我的大学同学就有很多受不了最后回台湾的，我们这些坚持下来的人，基本都很清楚未来自己想要什么，并且很积极主动地融入这里的环境。

当你还在纠结于要不要来大陆求学的时候，先扪心自问自己的梦想是什么，为了实现这个梦想究竟愿意付出多大的努力。想清楚了，就勇敢地来吧，你会发现另一片天空。

中医的学长学弟制

□张峻诚

应黄裕峯教授的邀稿，本来就不爱写作的我，不得不费点心思来想想该怎么交稿了。说起"学长学弟制"，可能有些当过兵的朋友，首先想到的就是我们当兵那时的"老菜制"。其实所谓的"学长学弟制"，就是把当兵时的"老菜制"平移到学校里来。我不禁怀疑，读中医为什么还要有"学长学弟制"？把部队那套非正式的管理制度拿来学校里，对于专业学习有帮助吗？又，难道来大陆读书跟当兵是一样的生活方式吗？在部队里起码还有"梯数"可以区分，在学校里面到底应该如何区分谁长谁幼呢？是按年龄、年级、能力还是先来后到，标准是什么呢？

我就试着运用自己曾经当过职业军人的理解来与大家讲解及分析部队里的"老菜制"是如何区分。部队里面的生存：

首先按先来后到的"梯数"算，其次是阶级，再其次就是所谓的"本职学能"。听起来好像很复杂，其实说穿了，就是靠"伦理"与"能力"。部队里面"能力"说的又是什么？其实就是"战技"与"体能"，因为军人的天职就是保家卫国、临阵杀敌，所以战技与体能便是身为一个军人理所应当要有的。以前在部队里面的时候，每每看到被出战备、训练体能的都是菜鸟，菜鸟干的都是一些重活、体力活。而那些资深的老兵却在出爽差、开小灶，生活乐逍遥。可是每次遇到重要检查或突发状况甚至战技与体能检测时，不论是体能、人际关系还是在危机处理上等各方面，老兵往往都能比菜鸟处得更圆满，表现得更好。究其原因就是老鸟们在他们还是菜鸟的时候就经历过艰苦的锻炼，虽然当了学长做了老鸟，但已经具备的"本职学能"，早已经熟能生巧地转变成一种惯性反应，所以他们有"摆老"的资本。

我 2006 年来大陆学习中医。当初来的时候咱学校一样有学长学弟制，可我就搞不懂了，这学长学弟制是怎么来的？是靠年纪，还是年级，还是靠本职学能来区分？观察了一段时间后，我发现学校里面所谓的学长学弟制，就是一种摆架势、摆老、摆烂、仗势欺人、倚老卖老的不合理潜规则。那些真正学习好的学长、长姐，他们根本没时间教学弟妹，因为读医学的课业压力真的大。反而那些喜欢倚老卖老的人，没有当学长姐的模样。原本教导学弟妹是学长姐的责任，结果学长姐自己都混到不行，能拿什么来教？结果往往是：好的没传承下来，传承下来的都是"混"，如：哪里比较好吃，哪里比较好玩，哪门课的老师比较好说话，哪门课比较好作弊。有些学长还恶劣到拗学弟请客，想想就不舒服。因为我是当过兵后才来学习，且我的年纪在学校内也相对较大，所以那些伪学长，尽管年级比我高，看到我倒还不太敢造次。

　　本来我对校内的"伪学长姐制度"是很反感，直到我大二的时候，遇到了一位因建教合作而从新加坡来到本校就读的学姐黄静后，我才开始转变。她的出现，使我不论在生活上、学习上，甚至心态上都开始改观，开始正面思考中医学习的学长姐制度。我能成为一名医师，非常感谢当初她的出现，没有她的鼓励与鞭策，便没有今天的我。如同先前所提到的，那些学习好的学长姐根本没时间教我们，因为他们自身压力已经很大了，埋头苦读已变成了一种习惯，生活上面形成了自我封闭的圈子，自然无法教导与传承。为什么黄静学姐的出现对我乃至她周边的学弟妹都有益处呢？首先，她专业能力强，关于中医专业的理论与实践都非常优秀，且她非常乐意分享并不断学习不同的知识（我就是她教出来的，如果跟她比，我可能还只能算是个半桶水）；再来就是她亲和力强且乐于助人，只要你有任何问题，她能帮忙绝不会拒绝，且不求回报。这也让我在未来当了学长之后，遇到学弟妹有学习上的问题，我会想跟她一样去教导及帮助他们。不同于过去，我感觉这才是真正"学长学弟制"存在的真谛。能力越高，地位越高，则责任越重。每个人都在学习过程中不断成长，都是从懵懂无知到融会贯通，都会经历从学弟妹变成学长姐，当学长姐的不应该倚老卖老，而应该分享自己学习及成长的经验，避免学弟妹走上错的道路，减少学弟妹犯错误的机会。

所以，"学长学弟制"到底有没有用？到底需不需要延续？我个人认为，该制度的存在本来讲求的就是观念，就是长幼有序，就是伦理。制度本身没什么问题，有问题的是滥用制度的人。

大陆法院实习经历

□ 刘文杭

2012 年，我在台湾的高中毕业就选择到北京航空航天大学进行本科学士学位的学习，就读于法学院。2016 年毕业后，我考取了清华大学的法学院，继续攻读硕士学位。法学是一门基础理论与专业实践并重的学科，因此北航法学院与大陆多处的法院、检察院、公安机关都有建立实践项目，让学生在大二的暑假奔赴各地进行专业实习。作为台湾人，碍于身份所限，无法在毕业后进入大陆的公检法机关等公家单位工作。所以，在大学期间得以深入公检法实习是相当难能可贵的机会。

实习单位按照随机分配所决定，我被派往河北省保定市中级人民法院进行实习。保定中院是市级的法院，具有完备的科室分配：民事庭、刑事庭、行政庭、立案庭、执行庭……

学生可以依照自己的兴趣与规划自行选择部门进行实习。我选择了民事庭作为实习目标，实习过程中大多跟着指导法官去开庭，旁听庭审。即便保定中院的案源一般为二审上诉案件，每年也依然有数量可观的案子需要审结。中院的法官每人每年需要主审一百多个案件，其中还不包括合议庭的案件，而基层的法官则每人每年可能多达三百多个案件。我的指导法官几乎每天上午和下午都各有一场庭审，案情多时上下午各两场，没有庭审时则要写结案词，工作量与工作强度不容小觑。

民事案件主要是处理利益给付或是请求确认关系的纠纷。在我旁听的庭审中，大多数是因金钱利益纷争而提起的诉讼，离婚等法律关系的诉讼比之较少。在金钱纠纷中，主要为交通事故、民间借贷、遗产纷争等几类，因此时常出现相似的案情。金钱纠纷是双方对于标的金额的数目出现分歧，其焦点问题一般集中在对证据的认定以及证明的可采性。实习时我仅为大二的学生，对于法律的现实、存在的现象、应做的判断还未有清晰准确的决断力，带领我的指导法官就会根据她的工作经验来教导我应该如何处理。旁听庭审前，老师会先让我查看翻阅案件的一审判决书和相关卷宗，找寻原被告双方的争议焦点以及可佐证的证据。在开庭庭审时聆听两方如何答辩，如何回答法官所询问的问题，此时对于案情的认定便有了大致判断。庭审后老师也会让我说说我对案件认定的想法，同时再帮我梳理一些细节，教我如何从双方的说辞中剥析事实，案件的判决大致所依照的方面有哪些……这些都使我受益匪浅，让我对一个案件的全部程序和解决机制有了整体的概念。

保定市是河北省内辖区面积最大的城市，其范围内有多个区和县，县下面又有乡、镇，其下又划分出多个村，所以到中院二审的案子很多只是小小村子里发生的各类纠纷。或许是由于法律知识的匮乏，这些当事人在庭审时的表现往往较为随心所欲，开庭过程中互相谩骂的情况时有发生。法官的判决是站在中立的角度做出的对双方都公平的裁判，然而当事人大多处于自身的立场考虑问题，认为凡是没有依照自己想法的法律裁定都是不公平的判决，时常有当事人在审理结束后半威胁地说如果不是自己要的判决，他就会去上访。即使如此，法官的职业道德也要求其必须以公正的态度裁定案件，不偏向、不动摇。

中院门口时常有当事人围堵闹事，举横幅、用扩音喇叭喊话等，不只是保定中院如此，全国各地都有这样的现象，这也侧面反映了中国目前的司法现状。人民对于判决服从度不够，也对法律尊重不足，影响了整个国家的司法环境，使得本是公平公正的法律裁决在现实执行中却产生各种问题。再加上法官属于公务员体系，司法部门的执行权利受限，无法真正独立行使其权力，部门内部也存在许多界限模糊之处，这些都影响着法律所发挥的作用。现如今中国大陆的司法界需要注入经过高质量专业知识所教导出来的法律人才，来提升法官的整体素质水平，改善司法部门的氛围。因此目前所强调的司法改革，其实还有很长的一段路要走。

上海的冬天有多冷

□王木娘

我来自台南，是复旦大学哲学学院宗教学专业 2014 级的硕士研究生。坊间有很多关于上海的介绍，不过，上海的冷，倒是鲜少提到。因为一般人总认为，上海位于南方，再冷也不过零度上下，能有多冷？！这个问题，光看本书的主编会特地拉出来篇幅，向我邀稿做一篇专文分享在上海的保暖经验，就知道事情并非如想象中那般。

我曾在欧洲、美国度过寒冷的冬天，也曾在农历新年前去东北，去看长白山上的皑皑白雪，去哈尔滨体会零下三十几度的凛冽。自然，长白山天池上的寒风刺骨，风夹着雪一吹起来简直让人站不住，让人受不了；哈尔滨零下三十几度的温度也冻到手脚都僵了，失去知觉。就在从长春机场搭机回上海的那天，我早上在长春，下午到上海，记得那天上海还是零度左右的温度，我却真心感到了："冷，比东北还冷！"来自台南的台湾人说冷，还不足以证明上海的冷，来自东北的说法应该更有说服力吧。我的学校附近有家东北饺子馆，老板夫妻都是东北人，有一次我们聊起来，他们也说："上海比东北还冷！在东北，多穿一点衣服就不感觉冷，在上海，衣服怎么穿都不够！"上海靠海，它的冷是湿冷，而北方的冷是干冷。对这种湿冷和干冷的不同，我总是用一个比喻来形容："当你泡在一条零度冰冷的河里，你穿多厚的衣服都是白搭，怎么穿怎么冷；但若是你在岸上，虽然是零下二三十度，但至少身上是干的，穿厚一点就不觉得冷了。"这个比喻，应该可以让大家很快地了解其中的差别。

对！泡在冰冷水里的冷，就是上海的冷，"冷得走心，冷得发紫"。若是没有暖气，上海的室内与室外基本上一样冷，甚至，室外因为有阳光，往往比室内温暖多了。冬天太阳的温暖，台湾可能较难体会，但在上海，冬天的阳光简直就是一道灵药，可以让你从冻到昏迷的状态中苏醒过来。学生宿舍基本上是没有暖气的，窝在房间里，羽绒衣仍然得穿在身上；手指也常因为冻而不灵活，连打字都困难。因此，各式各样的过冬产品任君选择，帽子、围巾、手套只是基本配备，厚底绒毛的卫生衣、卫生裤（大陆叫"秋衣、秋裤"），汤婆子（台湾叫"冷热敷袋"），暖暖包，保暖袜都得备上几件，这些都是过冬的必要设备。若豪华一点，电热毯也是很好的选择（不过，电热毯的用电大，有些学校可能会禁止宿舍使用），当然，羽绒衣、毛衣、雪靴等就不用多说了。

在上海，冬天洗澡不是为了清洁身体，主要目的是取暖。当热水淋在身上的那一刹那，"肉品解冻"的即视感立马展现。一下子，身子暖了，手脚热了，整个人又活过来了。至于换洗衣物，上海的冬天常常是衣服晒了两三天仍然晒不干，即使晾干了，衣服也是又潮又冰的，因此，每次穿衣服时，都是很挣扎很痛苦的过程，往往要钻进被窝里，把衣服捂热了才敢穿上身。女生若要擦个护肤保养品，敷个面膜什么的，刚下手的那一刹那，保准冷到打哆嗦。

在北方，冬天有供暖，不管室外零下多少度，一进到室内就是暖烘烘的。常有来自北方的同学们，不把南方的冷放在眼里，直到来上海之后，才明白在没有供暖的南方过冬是如何困难。前一阵子网络上有句话如此形容北方人在南方过冬："我是来自北方的一条狼，在南方却冻成了狗！"习惯冬雪的北方人都这样了，更何况我们来自热带地区的台湾人呢？！

在上海过冬，我们只能做好万全准备，好好地度过严寒的冬天吧。

欢迎大家冬天来上海。

骨折后回台申请医疗保险的经验与方式

□ 卢国钧

　　我的女儿目前是北京清华大学的本科 3 年级学生，她在 2016 年清华"马杯女足赛"踢前锋，进入四强时，不慎跌倒造成脚板骨折。当得知此消息，身为父母的我与太太，在台湾心急如焚，可是电话的另一头却只闻电话响，却没人接听。直到晚上联系上女儿，才放下心中的一块大石。在此要感谢女儿的同学们，每天将她背上背下地往返于她没有电梯的六楼宿舍。甚至有女同学妈妈，去宿舍帮她洗衣服，煮晚餐送去给她。真是应了一句话"在家靠父母，出外靠朋友"。也因平日太太在微信"家长群组"中，跟清华学生的家长们互通有无，所以这次的事件，才找得到人帮忙。在此特别建议在大陆就学就业的孩子们，不要排斥父母参与你们的交友圈，当真遇到急事时，会派得上用场。

当就医告一段落后，我请女儿寄诊断书、收据及 X 光片回台申请理赔。等收到文件时，发觉收据是影印本。问清后，才了解，因为有学保，所以收据正本学校收去了。在台湾，申请理赔是需要诊断书正本，收据正本或副本。所谓收据副本，就是收据拿到医院加盖官印（公章）。大陆的医疗体系是没有副本概念，所以拿收据到医院请医院盖官印，医院说什么也不肯盖印，只得作罢。

　　为此，我打电话到商业保险公司及健保局，刚开始得到的答复都是需要诊断书正本，收据副本。直到我说明原委后，他们才说：先将文件送来看看。事后，全都理赔下来。这件事也给我上了一课——"事在人为"。因为处理女儿骨折意外的理赔申请，也让我惊觉到一般到大陆求学的人对类似事件的陌生，因此引起我想了解相关权益与流程的动机。

　　我又再次打电话向健保局求证后得知，台湾人只要持续缴交健保费，出境期间，不论任何病例在当地求诊，皆可持当地医院的诊断证明书及收据向健保局申请。但——在大陆住院超过 5 日，则需要到认证单位认证，回台后再到海基会认证。

"小三通"是台生交通的另一种选择

□许晏瑜

自从开放"小三通"之后，不仅是经商，就连求学也很方便。从金门搭船到厦门只需 30 分钟的船程，因而许多金门当地人前往厦门接受教育或者学习才艺，而台湾人前往大陆就学，交通上除了居住城市的直航班机外，也多了另一项选择，就是"小三通"。

"小三通"怎么搭呢？主要有两种方式，第一种是购买航空公司的一条龙套票，套票包含了机票、船票以及从机场到金门水头码头的接驳巴士。通常抵达金门后，会有航空公司的地勤人员举牌带领旅客搭乘接驳车，回程亦是。第二种则是自行订购机票与船票，再自行搭乘公车或计程车由机场至码头。前者优点是免去金门当地交通上的困扰，缺点则是受限于套票只能搭乘同一家航空公司的班机，后者优点则是费用较便宜，且不必受限于航空公司及船班，可自由选择适合自己的时间前往搭乘。通常而言，台湾至金门班机都必须先预定，船班则因每半小时就有一班且载客量大，除了节庆与国定假日外不一定需要事先购买。

然而需注意的是，"小三通"不管是哪一种方式，行李都没有直挂到厦门，抵达金门后必须自行领取后再至码头托运，也就是"两段式托运"。跟直航比起来，直航费用较"小三通"贵一些，但节省时间，从报到到抵达费时 2–3 个小时。"小三通"单趟则需费时 3–4 个小时（包含提前报到时间），虽然要先搭一趟飞机抵达金门，再搭船前往厦门，但对于学生而言，的确是省下不少交通费，而且因为厦门到大陆其他省份是属于境内航段的机票，若有抢购到优惠机票或廉价机票则便宜许多，因此从厦门飞往其他县市或搭乘动车前往也提供莘莘学子一种选择。值得一提的是，"小三通"的船运部分并没有行李重量的限制，因此许多人到了金门会到全联、屈臣氏、康是美或超市采购生活必需品或台湾零食等，毕竟还是有些人用不惯或吃不惯大陆的品牌。

"小三通"也创造了不一样的市场，尤其大陆人非常喜爱台湾的高粱酒、洋酒、奶粉或面膜等生活用品，因此许多

"跑单帮"看准了这股商机，便会在码头询问乘客能不能帮忙带货到对岸，并补贴车马费，一次100-200元人民币不等，端视市场供需价格而浮动，对于学生而言，的确是不无小补，但潜在风险是，不确定对方的物品是否有夹带其他违禁品，因此除非熟识，或者产品是在免税店直接购买，否则不建议因为一点小钱而背负巨大风险。

在大陆读完高中如何考取北京中医药大学

□林亮吟

我是初一的时候，到大陆念书的，真没想到一念就是八年。

八年里，从广州到北京，经历了大陆无数个考试，其中也包括台湾所说的学测，也就是这边的高考。现在把我考大学的经历分享出来，希望能对来大陆大学求学的同学们有所帮助。

就应届毕业生来说，台湾人考大陆的大学，目前我所知道的途径有三种。一种是直接和大陆本地生一起参加高考，试卷和本地生是一样的。本来就在大陆念高中的同学可以直接和学校一起报名，在台湾读高中的同学，可以以自学的方式，找一间大陆本地的高中学校一起报名。但是这个途径竞争压力太大，如果不是学习特别顶尖的或是特别想证明自己的，一般不会选择这个途径。

第二种是通过台湾的学测成绩申请大学。这种途径针对的是在台湾读完高中参加学测的同学。申请办法可以去问问学校教务处的老师，他们应该会比较清楚程序。但是要注意的是，允许这种途径报考的大陆大学有限，需要事先调查清楚（建议直接打电话到大学询问）有哪些学校可以接受这种途径报名，一般最终还会带有面试的环节。

第三种是参加"中华人民共和国普通高等学校联合招收华侨、港澳地区及台湾省学生入学考试"，以下简称"港澳台联招"。这种途径是大陆特别为以上地区的学生考大陆大学设置的考试，也是目前最多台湾学生选择的方式，包括我自己。这种途径是先报学校后考试（好处是可以提前知道各学校的录取分数线，按自己的喜好选择学校，大大增加录取率），考点主要设在沿海城市的大学（我所知道的有广州、上海），考试时间较高考提前，大概是每年的5、6月份，考试内容与大陆本地生内容不一样，难易程度主科数学较难，理科（自然组）物理要的程度会比较高，但生物不用考；文科（社会组）历史会难一点，政治（公民）不用考，如果你是理科生的话，就只要考主科（语数英）+理科（物理化学），文科生以此类推。这种途径的录取门槛较本地高考低很多很多，只要不是太离谱基本都能考上。唯一的缺点就是随着每年华侨港澳台到大陆读大学的人数增多，相对地也越来越不容易考了。

下面简单介绍港澳台联招的准备方式。

你可以自学，也就是买联招教材在家读，这种方式效果因人而异，本身有同学在内地读高中，到高中第三年的时候，不参加学校的复习，自己准备考试，也取得了不错的成绩。对于不知道复习节奏的同学来说，报名港澳台联招班会是一个不错的选择。这个班相当于把所有想参加联招的同学聚在一起，有系统的复习，模拟考，教你如何去填志愿，一起报名考试等等。联招班在网上可以搜寻得到，目前知道的有广州天河区、上海有开设班级。

以上是我个人的经历，分享给各位，不足之处请见谅。

最后祝同学们顺利进入理想的大学学习。

申请演武小学过程及开学准备

□张惟捷

由于命运的安排，我在台湾"中研院"的博后工作结束后，受聘到厦门大学任教，同时带着妻小一同赴陆，展开充满愿景的新生活。

这里仅针对大女儿张之媞进入小学就读的前期作业进行描述，略去刚来时住在厦门岛外，让她念民办幼儿园一学期的细节。据我所知，厦门市政府对台籍子女的就学是颇多照顾的，此间属于福建全省教育服务水平最优的地区，学位紧张，外来人士不易办理子女入学，尤其是口碑较佳的学校。而厦门市政府允许台籍子女根据父母工作地点就近入读，无疑提供了不少方便，在这点上，我必须给大陆相关单位点一个赞。

由于厦大教职工子女绝大多数就读近旁的演武小学，这间小学因郑成功所凿习武水军池而得名，水准为全省数一数二。我原本不打算走台港澳籍通道，想走厦大所提供的申请途径，但是仔细评估，发现厦大代为境外老师申请的手续相当复杂，相较之下，还是走政府提供的方式比较省心，因此就在六月底花了一星期的时间把手续走完了。

相关程序是这样的：先到厦门市教育局印出"台湾学生就读申请表"，填好资料，准备好暂住证、聘书、出生证明、台胞证（皆具正、影本），再亲自拿到市台办、市教育局、区教育处盖章，这三个地方盖完章后就可轻松等待现场报名了。大约在每年的八月中（须注意教育局与小学信息）带这张申请表、上述证件，还有较烦人的"施打疫苗证明"，带孩子前往报名并面试即可。

关于"施打疫苗证明"，由于台湾人从小打的预防针与大陆不太一样，我们只要准备孩子在台湾施打的健康手册给他们过目即可，手册在开学后会被要求统一保管于学校保健室，有需要再取出。然而，若孩子更小，想就读大陆的幼儿园，则须进行入园健康检查，要抽血，我的两个孩子都被抽过；说实在的，受到刻板印象影响，有点担心针头品质，闲聊下似乎很多人都有类似的疑虑，不知道能不能提供让我们有信心的说明，更正内心印象。

根据网上流传，面试时老师一般都会问十位数之内的加减、简单成语的意涵、喜欢的事物、爸妈的工作情形等等，总之看小孩的整体。因为在大陆就学竞争激烈，分班优劣关系到"起跑线"的不同，而且往后想调班非常困难，因此入学面试对于爸妈而言影响深远，还听说有给小孩先行找家教补习一星期的真题。对这种有趣情形，我们是抱着顺其自然的态度，毕竟，有许多来自家庭的天然气质，并不是短时间补习能够假扮出来的。而且，对所谓的"拔尖班"学习压力，我们也是不敢完全苟同。

　　到了八月底，学校会举办家长说明会，然后连续两天进行新生训练，仅短短两个半小时，给孩子一些缓冲时间。从这些活动的举办，学校领导、教师们的态度，可以清楚看出她们是一群充满活力、满怀热情与爱心的教育工作者，和我们在台湾接触、上过的学校相比较，不仅一点不逊色，甚至在许多方面——例如：教学硬体、老师设计课纲之绵密细致、主动与家长联系（建立 QQ 群不限时间开放联系）等方面——是有过之而无不及。现在我的孩子每天期待上课，希望这点热情能永远维持下去，不要等到未来回台后就逐渐消失了。

在大陆学习生活的 12 年

□沈思凡

2004 年，我跟随家人从台北搬到了上海。

对于当年读小学二年级的我，伴随着搬家，读书也成为亟须解决的问题。父母了解到大陆的小学低年级数学、英语水平，相比台湾而言较高。为了跟上同年级学生的进度，那年暑假，爸爸给我买了各种口算速算、加减乘除的数学练习，每天陪着我做计算练习。开学前，我参加了静二小的转学生入学考试，遇到了台湾学生转学大陆的第一个困难：注音与拼音的差别。语文考试的第一道大题就是写拼音，而我在台湾读两年小学，学习的都是注音符号，于是完全不会作答，语文考试最后只有勉强的六十几分。也随之出现我遇到的第二个困难：繁体字与简体字的差异。记得我每次在写"静"的时候，都会写成"靜"，之后在语文老师的纠正下才改了过来。

　　中考有幸拿到了我们学校的分配名额，进入了交大附中就读高中。交中的寄宿制让我开始了住宿生活，也让我的高中生活成为我的青春中非常重要的一部分。后来进入大学的我，还时常会想起交中所带给我的自由的学习环境以及丰富的校内活动。如同交中的校训："大气，却不张扬；厚重，却不逼人；谦和，却不乏创新。"在交中，我们就有了完全由学生自己组织的"模拟社区"，如同大学里的学生会。高一的同学每个人都是"模拟社区"的一员，在入校后报名参加自己感兴趣的部门，例如我们有寝室部、文艺部、金爱心服务部等等。"模拟社区"由区长到部长再到各个部员，从开展各种文体活动到教学楼、寝室的各项检查，都由学生完成。

　　抱着一颗和其他同学一样参加上海高考的心，我升上了高三，却在高考报名时，被通知：拥有台湾户籍的我需要去参加港澳台联考。听到这个消息的当时我非常惊讶，也有些不知所措。因为当时上海高考的模式是"3+1"，即语文数学英语三门主课，加上一门自己选的课。但港澳台联考的模式是"3+2"，即文科生需要考历史地理两门，理科生则为物理化学两门。我选的是历史，但地理在高一学完后就没有再接触。

图为我参加上海交大附中毕业典礼

这导致我在备考过程中，地理这科几乎是从 0 开始准备。因此，我在此建议，在上海就读高中的台湾学生，在高二的时候可以开始复习另一门要加考的科目 (但如今上海高考政策一直在变化，还是要及时了解政策以及时做出应对)。

如今的我，在厦门大学经济学院就读，大学生活还有两年，正要好好思考未来究竟是考研还是走上工作的道路。

这就是我在大陆学习、生活的 12 年，台湾的户籍身份在大陆生活仍有许多不方便之处，例如乘坐高铁时必须在人工柜台取票，非常耗时。但近几十年来，我们也能看到大陆对台政策逐渐放宽，从父辈那个时候"三通"的"通邮、通航、通商"都实现，也有越来越多的台商到大陆投资开厂，发展事业。而这样的举动会带动全家一起到大陆居住生活，孩子也就在大陆接受教育和成长。2008 年，两岸又开通了直航，从上海回台湾可以不用再从香港转机，省得既绕路又费时。而最近的 2015 年，"台胞证由本换卡""免签注"等新政策，也进一步方便台湾户籍的我们在大陆的生活。

筑梦大道上，2016 年的第一小步

□ 张维倩

　　"哇！原来教育也可以这么有趣！"在我接触幼儿教育第五年后，一门"发展心理学"为我开启了幼教之门，叩响了梦想之窗。感恩这次的觉醒，让我领悟到生命存在的意义与价值。我常以敬虔之心看待教育专业，愿以传播教育为终生志业。

　　我的学习经历了技职、一般以及师范三种体系，我曾经从班上的垫底到独占鳌头，也曾经为那段不羁放纵爱自由的岁月付出刻骨铭心的代价。非常写实的丑小鸭变天鹅刻画出我生命历程中的一段精彩绝伦，而环环相扣的每一步似乎又是那么命中注定。2004 年，我决定到北京师范大学攻读博士学位，我认真思考很多的"为什么"，反复评估很多的利弊因子，因为这个决定将可能影响我的后半人生。基于对国际舞台的向往，对大陆重点大学的倾心，对自己主修专业的考量，以及对大陆幼儿教育市场发展潜能的评估，似乎没有更好的理由可以说服我不选择这里了。虽然在京求学期间，我内心也曾交战过千百回，时常有许多错综复杂的心理感受，甚至一度想要放弃，但我选择停止心战，时刻提醒自己不忘初心，并坚信希望在未来，而未来就在这里。

毕业后的我，选择投身幼儿教育的基层工作，我知道那是可以为自身价值贡献最大化的场域，现场的教与学亦方得以让所学的专业赋形。我在京工作三年，切身感受到国内幼教生态的变革与组织文化的转型，我见识过专业引领，参与过专业对话，发展与实施多元化的适性课程，在同步成长中，受益良多。但是，这些理由都不足以吸引我继续保持现状。我的内心有一股很强大的声音总不断告诉自己：终是道不同啊！价值观才是影响彼此成就一件事最终且最重要的要素，我应该好好思考人生的下一步了！再者，教育发心以及纯粹教育情怀也终究要注定自身与某些教育工作者的区隔差异。我知道那就只有自己办教育，这样才能让教育理念得以真正且一贯地落实。

人生有梦想是一件很幸福的事，但是如果始终不跨出第一步，那么梦想永远是空中楼阁，幸福也只是泡影。筑梦需要有强大的勇气与后盾做支持，需要有机遇，也需要有助缘，但更需要付出行动。以前的我总认为还没有"准备好"，而实际上并没有所谓真正的"准备好"这件事，而是有更多假想的恐惧滞碍着梦想的前行。我相信一切没有那么复杂，不就是回归单纯的想法、简单做事、用心付出吗！终于在今年，我成立了自己的工作室，这也是一间很迷你的教育馆——易桥童蒙教育馆。馆中只实施一套课程——节气生活统整课程，初期由我亲自授课并对课程进行调整、延展与深化。现在，教育馆会不断地迎来新的孩子和家长，在这儿常常可以听到孩子的笑声、琅琅读书声。未来果真在这里，伴随我前行的是无限的希望，在筑梦大道上，踏实、从容、自在地慢行着。我坚信教育爱没有地界，也没有国别，我愿将教育爱传播至有缘孩子的生命里！

来大陆读马克思

□林哲元

多年来，只要与人说起我从台湾到大陆读马克思主义哲学，不管对方是台湾人还是大陆人，脸上总露出不可思议的表情。为此我得从经历过台湾社会变动说起。上世纪80年代末，台湾刚解除"戒严"，各种政治反对运动、学生运动、工人运动、环保运动等风起云涌，青年时代的我也卷入浪潮沉浮。那是一个激进分子多自称"左派"，以阅读或引用马克思主义概念为时髦的时代。大学毕业后，一方面想把这些概念搞清楚，另一方面想亲眼看看社会主义地区生活万象，于是决定到大陆学习马克思主义哲学。

1998年我刚退伍，在北京大学附近租房准备考硕士研究生。北大哲学系研究生考试的参考书目和真题是公开的，可以到系办公室咨询和复印。我跑到哲学系旁听，认识了系里的同学和老师，在他们的鼓励和帮助下，我买了几本参考书目反复研读，部分关键段落甚至硬背下来。当时也听说英语考试难度高，我便与大陆同学一起参加几百人同时上课的考研英语名师培训班。现在回想起来，那是人生少有的、明确为一个目标埋头不懈的一年，最后我如愿通过考试。印象特别深刻的是，放榜后不久的一天，还遇上反对美国轰炸中国驻南斯拉夫大使馆的学生示威游行，事发的晚上，我行进在北大学生的游行队伍中，从北大校园一路步行到美国大使馆，从晚上 8 点一直走到翌日清晨 6 点，从北京的西北边穿到东南角。我的北大生活提前开始了。可以说，三年的北大硕士学习生活是我炙热青春最后花火。学业上我遇到治学严谨、待人谦和的老师们。脑子里一直没忘一个画面是课堂上，老教授放下写满各种标记、几乎要翻烂的书，张口对着底下说："这个问题我还在研究，想和大家一起探讨探讨。"在图书馆的某个角落，可以看到某位临退的著名教授，吃力地搬着一大摞书在认真查阅。当时给我的感觉是，对比台湾某些耍弄马克思概念，动不动就以反叛为名要"颠覆"社会的浮躁习气，北大的学术氛围还是比较踏实。

取得硕士学位后回台工作了几年，我决定辞职再读博士。

博士研究生需要指定报考某位导师，当时我想起写硕士论文期间曾经读过南京大学哲学系张异宾老师的著作，很佩服他的独到见解，于是萌生了跟着他读博的念头。当时查到了他将出席一场学术研讨会，我带着硕士论文，在喧闹的会间休息时直接上前找他，并开门见山地表明报考博士的愿望，现在回想起来都觉得唐突。借此也想特别感谢张老师从那天的冒昧开始，一路给予的宽容和理解。2008年我二度来到大陆求学，赴南京大学哲学系读博士研究生。

南大哲学系马克思主义哲学专业由孙伯鍨先生开创，以文本逻辑和历史分析为基本特征的马克思主义哲学研究传统，加上后来几位老师的传承和发展，形成了以马克思主义文本历史解读与国外马克思主义研究见长的强大学术团队。刚到南大，我便深深地为其学术氛围所震撼，南大师资不仅经典理论功底深厚，还能全面掌握最新的思想动向。博士同窗中也是卧虎藏龙，理论思辨与科研能力扎实，忐忑不已的我只能一路埋头追赶。博士生以自主研究为主，我在南大马克思主义哲学点的紧张而向上的气氛中走过四年，取得学位。

1999年初第一次到大陆求学时，台湾亲友们多少有些不便言明的议论，2012年取得博士学位后，身边开始有人称赞我很有远见，这中间的变化反映了两岸实力的消长。其实我没有那么有"远见"。我相信大多数人只要保持诚恳平和的态度到大陆走走看看，亲眼观察、抱着同理心理解，最终能摆脱弥漫台湾的焦虑感。不要只从台北看天下，还要从天下看台北。

我在两岸考驾照

□ 庄奕婷

首先，向大家介绍一下两边考驾照的流程。

在台湾，驾照考试分笔试和路考两部分。笔试要求掌握基本的交通知识，路考则包括在训练场内完成所要求的项目以及道路驾驶。（道路驾驶的考核依据 2016 年 9 月开始实施的新规定）

在大陆，需要通过四个科目的考试。其中科目一、四都是理论方面的知识、交通法规及相关内容，科目二是指场地驾驶，科目三是道路驾驶。这样相比起来，从内容上来看两岸驾考难易度是差不多的。

第二点，也是非常重要的一点，就是从开始学到真正拿到驾照所需要的时间来看，在台湾考要比在大陆考要快非常台湾的驾训班通常在寒暑假会推出假期保证班，即一个半月就能完成考试（新规定出台后时间或许会延长），若合格通过各项考核即可顺利拿到驾照。而在大陆，由于人多，要顺利拿到驾照最少也要半年，而这又会因为参加考试时所处的城市而不同，也就是说在北、上、广、深这样的城市，由于报考的人多，所需的时间又会更长，甚至会需要一两年的时间。

　　第三，从费用上来看，在台湾参加驾考，驾训班收取的学费再加上后期驾照的工本费总费用也都平均在新台币 10000 元（约人民币 2000 元）左右。而在大陆，一般情况下总费用基本在人民币 4000~6000 元之间。

　　所以综上，如果有想要去大陆念大学又或者有像我一样在大陆生活的台湾朋友在犹豫要在哪边考驾照，我的建议是先在台湾考取驾照，然后再回到大陆报名参加当地的笔试，换取大陆的驾照。这是我个人比较两边驾考后发现的最快捷也最经济的方式。还有，大陆是不承认国际驾照的，所以不要以为在台湾申请了国际驾照就可以直接在大陆使用喔。

　　在台湾参加驾考的部分我就不多介绍了，按照驾训班的安排乖乖看书、练习就基本没问题了。如果决定要考大陆驾照，那么在台湾驾考结束后就可以先在手机里下载："驾考一点通"或者"驾考宝典"这两个软件看看科目一的内容。科目一的题目一共有一千三百多道，考试的时候从中随机选出一百道题，总分一百分，成绩在九十分以上即为及格。虽然交通法规的内容有些不一样，但趁着还有点印象，可以先在手机上做做题练习一下，这样就不用到了大陆笔试之前再一次经历痛苦的K书过程啦！

接下来和大家说明去大陆车管所（相当于台湾的监理站、监理所）报名所需要准备的材料。旅行证件、台胞证、台湾驾照、暂住证（下面详细介绍）原件及复印件以及小一寸证件照（保险起见最少三张）都是必备的啦，办理好报名手续以后就按车管所安排的时间去参加笔试吧！不过要先做好心理准备唷，在大陆不管做什么事人都非常多，虽然只是要考一个笔试，但都有可能要排到几个月后，所以初次来到大陆求学或者工作的朋友们真的努力适应喽。

现在给大家介绍一下上面提到的暂住证。也许大家以前没有听过这个证明，它不像台胞证是台湾同胞在大陆办理任何事物几乎都不可或缺的，但在某些情况下比如说在一些银行、证券机构办理开户以及车管所转换驾照时就需要我们提供。

所以身在大陆的台湾同胞们可以抽时间带上你的台胞证、身份证、户口本三者原件及复印件一张再加上证件照（最好两张）到居住地的派出所办理，并且询问一下能否一次办理多张（如果可以的话当然是最好），再多复印几张，最后，把它们和台胞证等证件放在一起随身携带吧。所以尽管有些材料到时候不需要用到，但一旦决定出动，千万要记得把以上提到的所有东西都带齐喔！

我是就读于中国人民大学财政系的庄奕婷，最后祝每一位朋友都能顺利地拿到驾照，愉快地开车上路啦！

我求学见证大陆 12 年来的发展

□吴俊纬

12 年前，我跟随父亲的脚步，踏上了这片神奇的土地——大陆。

那时的我还是一个懵懵懂懂 8 岁大的"小鲜肉"，那是第一次搭飞机，第一次离开台湾，第一次和父亲待在一起那么久、那么近，这一切的一切，对于我来说，都是很新鲜的。

但那时的大陆，和现在相比根本就是天差地别。来到大陆，我正好上小学一年级，那时我们学校是全县最高级的学校，设备是全新的，师资是最优良的，学费当然也是最高的。整个学校散发着一种贵族的气息，而且学校只招收台湾人和外国人，而这从某种层面上，在我幼小的心灵里种下了台湾人比较优秀的种子。

那时学校的周围是一片稻田，方圆几里内你是看不到什么楼房商店的，早晨总是要早起搭校车去学校，那时觉得搭乘校车上学是一件很拉风的事。

但是，12 年间，学校周围的风景变了。

农田消失了，学校旁唰唰唰地建起了房子，一栋栋大楼拔地而起，崭新的楼房让我们的学校黯然失色，更别说远处的公立小学。在我们的印象中，私立学校总是比公立学校高级那么一点的，但是当我们走进公立小学进行体检的时候，他们宽敞的餐厅，铺满绿油油人工草坪的操场，全新的教学设备让我们深深震惊，反观我们的私立学校，已经完全落后了，我们那地板油亮亮的餐厅，我们那草坪东秃一块西秃一块，下雨便成为沼泽的足球场，我们那破了大洞的旧黑板……看看他们那崭新的美式校车，再看着我们的学校大巴，感觉脆弱不堪。

曾经居住的市中心，如今却已成为城市的老旧地带，城市发展得越来越快，规模也越来越大，老旧的房屋一栋一栋、一大片一大片地拆除，迎来的是崭新的城市面貌。

我在这里生活了 12 年，也参加了大陆的中考和高考。在百万人过独木桥的过程中，我感受到了，其实身边的大陆人都是很厉害的，他们并没有你想象的那么弱，那么势利、奸诈，他们是刻苦努力的，也是善良的，他们的干劲好像是永远也用不完的，而这一切也消磨掉了我当年身为台湾人的傲慢，让我更加清楚地意识到了我们的差距与不同。

12年的时间，说长不长，说短也不短，但在这12年里，大陆的经济飞速发展，身边的很多大陆人都有钱买房、买车了。农村被城市取代了，商场一盖就是四个大商城。在大陆，新的事物正在取代旧的事物，一股新的血液正在注入。反观台湾，其实进步并不是很多，人们为22K上街抗议，政党在相互斗争，老旧的房子是我们城市的底蕴，裸露的电线是怀旧的象征。

当我们仍在为盖了一栋101大楼而自豪时，殊不知大陆的大楼正在喷发式的建成；当我们正在为我们便利的生活方式沾沾自喜时，大陆移动支付的普及已经超出我们的想象。大陆的发展像火箭一样，冲破天际，已经到了我们无法看见的高度，而且还在继续爬升，我们应该要努力追赶，再不追，我们就会越差越远了。

我在昆山国际学校 12 年

☐ 冯柔庭

12 年，我都在昆山同一所学校，从小学一年级开始到高中三年级毕业为止。

2002 年，当时学着大陆拼音，说着台湾腔，像所有小孩一样玩着、笑着，在昆山国际学校开始了我的小学一年级。当时对于离开故乡这件事浑然不觉。身边依旧是台湾同学，依旧是台湾口音，也就没有在意地用着大陆课本，听着标准的普通话，一字一句字正腔圆地跟着老师读课文。那时候，什么都不用在意，学校就是我的整个世界。

13 岁，我丝毫没有犹豫地升上学校的初中，自认为昆山国际学校就是自己的保护与归属，一切都那么理所当然。然而，看到台商学校的生活，我们想起了台湾。心里只是这样淡淡地起了想念，不以为意，于是又渐渐将想念遗忘。只是暑假回台湾的时候，开始发现了一点不同，发现了自己有些格格不入。打字时用着与台湾不同的拼音，学校里教着不同的课程，他们拼着基测，我努力着中考，我意识到自己与他们的不同，目标、生活、习惯……自己好像脱轨了一样，进不去台湾的世界。还好，暑假后的学校，一样有熟悉的教室，熟悉的人。

高中的时候，我发现自己只是一个出生在台湾，对台湾几乎一无所知的人。于是我每年暑假回台湾，买了台湾的旅游书，像个观光客一样去参观。我很在意别人的眼光，我不希望自己被当作旅游的人，但是我知道不能退缩，因为我想要了解我的故乡，有一天我要走进他们的世界。12 年，虽然身处在昆山，但心在台湾，然而似乎不被任何一个地方所接纳。说不出流利的台湾话或是昆山话，不了解台湾的习俗或昆山的习惯，我就像是一名游客，不属于任何地方。

拥有如此特殊的身份，让我成为一个不真正属于任何一个地方的人，开始庆幸 12 年读同一所学校。这样的经历没有使我去认识外面世界的很多很多人，但我拥有了 12 年的同学，此生的挚友，我们看着彼此成长，共同经历了归属的困惑，我们成为对方生命中不可或缺的人。

作为一个从小离开台湾来大陆读书的 18 岁高三毕业女孩，

我很感谢昆山国际学校，给予了我爱与幸福感，成为我的避风港，不离不弃。纵使即将离开，学校的事、学校的人也依旧在心里，不会忘记。

12 年后的今天，我变成了一个找不到归属的人，心里也还是踏实。

"大陆地区学历甄试"通过有感

□陈美兰

在 2012 年早已得到博士学位，回到台湾还得因为政策问题再被笔试，笔试过了才能送审论文，送审通过才能在这小岛上被认可。而，如果不通过，这个学位在台湾等于是废的，无法重审，论文得全部重做一次。等于再去重读一遍，再来送审……如果每件事都有它的意义，那么这件事的意义是什么？

谁要来考博士？谁要来审近二十位教授审过的论文？为什么一次不过就不认，并且明定不得重审？意义何在？

被这件事整了二年，也心烦了二年，今天终于得到解放！我真的很努力，工作之余花时间用尽力气准备根本非我专业的笔试，还得按捺性子，因为念得很生气，笔试完还得忐忑不安几个月等论文送审结果。今天收到论文通过的消息，心情跌宕起伏，如果过了如何如何，如果不过如何如何，当全世界都在等着我的好消息时，我如何在得知不如预期时优雅转身？

好吧，如果每件事都有它的意义，那么它对我最大的提醒，是：

"我真的很努力！而且这种努力让期望的结果变得价值非凡！"

"那些规则虽徒增难度与情绪，却也让披荆斩棘的过程显得华丽热血无比！"

我很努力、很扎实地为它做该做的准备，为它辛苦该有的辛苦。23万字是我自己一个字一个字慢慢敲出来的，没有依靠任何人，差点去了半条命。双盲外审是不讲人情的，我过关了。口试是六个外校教授现场轰炸提问，导师为求公正，根本不进试场。我一向自认反应不快，但那天展现超乎寻常的睿智，因为再没人比我更熟悉我自己做田野自己撰写的论文议题。回到台湾，再不认同制度还是乖乖做完该做的所有事情，再辛苦再生气还是将所有的长假用来泡图书馆，没有捷径没有关说没有人情，你设了游戏规则，那我就实在地过给你看！

我很努力地让自己过关了，不管游戏规则有多令人生气，我承受所有的辛苦和压力把自己送上去了！一切靠自己，这种努力最有价值！原来的讲师职务，也因此得以借由学术升等，晋级至助理教授资格！

以下换转心情。

考过让我揪心了好长一阵子的学历认证，除了恭喜，很多人询问是怎么准备的。自己并不真是考试的料，但人被逼到了总会想尽办法越过难关。

台湾的考试基本上是属于一个萝卜一个坑的形式，从小学一年级一直到这种最高层级（博士都能考，台湾真是无奇不有）的考试，考试精神在于记忆力的测试，小时候记忆力好，高中以前大概上课有专心听都能考得不错，但过一定的年纪连昨天吃什么都没印象，一下子要准备去考完全没念过的科目，而且是博士层级，这是叫一个花拳绣腿立马变身成超级赛亚人上场去打魔王，根本只有被打趴的份！

加上极度不甘愿的心情：人家拿到博士是举国欢腾压力尽散，我拿到博士是还得更用力念非我族类的书籍，而且还是因为台湾这边的考试科目对应不上对岸的分类，叫考生"自己从分类里面找一个相似的报名"！没有真题，没有方向，没有任何相关资讯，唯一的线索是考试科目的名称！就算同一个指导老师，大家做的主题并不一样，且博士只专精在与自己相关的研究主题上，连自己的同门都不知如何去考，更何况既跨类别又没方向，这根本是叫考生去跳海！

所以，这个考试让我极度焦虑，除了前面说的笔试，考过了之后才能送的论文审查更是一绝，三位评审来审查，二位不过就无法再送审，这位倒霉蛋请再去重写一本或重念吧！论文送审没有任何可努力的空间，除了印得漂漂亮亮之外只能求上帝帮忙，但是得先让自己通过笔试这个大门槛。

大家都是从小考到大，基本的心法就不用多说了，努力念书准备考试之余，有个小诀窍对大家可能有点帮助，就是："增加短期记忆力"。

我一年考过一科，共考二科，每科都是考前半年开始准备，没有方向所以先大量阅读，补足基础知识与概念，前三个月再查找其他考过类似科目的人提供的书籍期刊缩小范围，前一个月开始书和笔记交叉复习，并且开始做同个领域的真题，公务员的一级二级三级考试亦是很实用的题库。前一星期停掉所有的事，学校也请假一星期，每天关在家念书。

到这里，我多做了一件事：有一天突发奇想，跑到附近信赖的药房问他们：我一星期后有一个大考试，有什么东西可以让我变成超级赛亚人？我真的是这么问的，药师扑哧笑出来，接着拿出几个小东西跟我介绍，但提醒我只用一星期可能效果不大。虽然懊恼太晚想到此等方法，但有拜有保佑，有吃有机会，平常即在关心预防医学的资讯，因此问清楚每样东西的剂量来源功能后挑了几样东西回家。

此后一星期我天天早晚按时吞三样东西：高浓度鱼油、B群＋生姜黄萃取、银杏叶萃取。这三样东西各有功用，在此不赘述。之后念书精神较好之余，在考试时完全发挥作用，上场拿到考卷扫了一眼后，我确信自己这次过关了！原本觉得念了N遍还是无法完全记住的东西，看到题目霎时全回到脑袋里。另外，脑部神经医学亦提到，运动是增加脑部记忆的方法，因为运动可以将脑神经延长，连带念的东西比较能记住，所以念累了唯一的活动是去跑跑步流流汗。

通过后的证书，和原来想象的不一样。或许是过于身心劳苦，所以总想象那会是设计精美、类似毕业证书的样式，但实际上只是一封影印纸公文，列上姓名科目盖上公文章就涵盖一切了，包括那些无以名状的心情与历程。这一过程，真是人生路上一个披荆斩棘的华丽战役，咬牙实在准备，实在过关，辛苦之后，最后得到的形式却又和之前的种种不成比例，颇有迷幻无厘头的戏剧效果。不过，人生的千般经验，提供了往后能有更丰富的思考脉络，我珍视这个历程，并视它为重要的个人历史印记！

"太阳花学运"促使我来浙大交流

□宋定强

2014 年 3 月 18 日,台湾立法机构遭遇一场前所未见的事,这是一个"热血激情"的夜晚,立法机构被占领,这群学子为了挡下未经实质审议的《海峡两岸服务贸易协议》,开启了台湾社会运动史上新的巅峰,称"太阳花学运",台湾大学生风起云涌地开始"关心"公共事务。

这场运动激起了学界、教育界、法律界、商界等台湾各项团体群起的讨论,成为一场人人都在谈论的话题,这场运动促使人民开始了解两岸问题、世代正义、左右派之争、经济统合等议题,这场运动影响了我这个就读罗东某高职的学生的一生。

在这场运动的八个月前,因缘际会下,我来到了由台湾大学所举办的政治领袖营及清华大学所举办的人文社会科学营。在这两个营队中，讲者与营员大胆地讨论起两岸政治问题，虽然每个人都有其价值判断，但在互相交流的过程中，大家皆以台湾为主体的角度看待马当局至上任以来各式各样的两岸政策，让大家都对大陆有着更进一步的认识。

不管是政治概况，又或者是经济的发展，都使我对大陆有着很多的疑惑，尤其是在清大时某位学长曾经为了陆资来台的事情不断地上街头，因为他对大陆的不信任。他曾经为了去台北抗议，自身口袋只剩下几个铜板，也在被警察驱赶的过程中，全身都是抓伤，还常常被警备车抓到荒郊野外"野放"。他是个为了理想而献身的人，也是个为了实现自身正义而选择风餐露宿的人，我对其行为非常好奇及感动。

"太阳花学运"期间，我上网看了很多正反方的资料，常常为了更加了解，搞得我时常靠白天在学校睡觉，晚上看更多的评估，在检视各方资料的过程中，时常看到打着某名校教授的名号，不做任何论点的阐述就在懒人包上大放厥词，这样的文章需要好好检视，而因为多方资料所阐述的理念不一，我对这个议题不同层面的价值有了更深透理解，某些人在乎的是程序正义的价值，而某些人是因为自身是经济统合时的弱势族群，更有些人在意则是因为他们认为"经贸协议大多都是弱势方被剥削"，但相反的有些人是认为台湾需要走出岛外，需要建立更丰富的投资环境，则某些人是因为可能对台湾有工作机会的制造而支持。在这么多的价值立场中，每个人都为了不同的理念站出来，使得很多的学子因为此运动，而人生有了重大的改变。

经过这场运动后，台湾人开始在思考着台湾的地位为何，在青年学子的心中这又代表着什么呢？可能有的人认为这止不过是一场政治恶斗下的闹剧，可能有的人认为这是台湾人民公民意识的崛起，但对我来说这是一场意识形态强烈的撞击，但这场运动中，使我这样一个念商职的年轻人，毅然决然地选择了有着两岸研究中心的铭传大学，希望自己在大学期间能够修习到这样一个难解的政治概况，不管从公共行政层面到国际法到国际协定，这样的政治问题将影响你我的生活，而我也决定在下一个学期亲自前往浙江大学进修交换，希望在这期间能够更理解对方，使双方能够从误解到了解，唯有这样才能使了解走到和解的道路。

在东方卫视实习

□ 叶宸彤

　　我是海峡两岸婚姻的小孩，妈妈是大陆身份证，我跟随爸爸取得台胞证，虽然我多数时间都是在大陆生活，但身份上的划分属于台生。2012年，我根据自己的兴趣，选择了新闻系广电方向作为本科学习的专业，按照学校规定，在大三升大四的暑假期间，我们需要到媒体实习，媒体在大陆是具有特殊属性的地方，实习与日后就业又有密切关系，大陆学生都很难有机会，何况是没关系没门路的台湾学生。实习单位有没有招过台湾学生，或是愿不愿意收台生，这些都会影响我寻找实习单位的机会，但是那些背后的情况我不了解也无法掌握，因此，就将个人的实习经验分享出来，希望能提供借鉴。

　　一般的情况下做什么事情都要有目标是对的，但是在寻找实习这方面就不能太执着于某个公司或者单位。找实习的过程询问过学院、老师、学长姐等，我自己认为最有效的方法还是海投。当然，海投不代表乱投，需要结合自己的专业和自身的能力，投你能胜任的职务。在去东方卫视实习之前，我投了很多的简历，有些石沉大海，有些回复等通知，有些需要二次面试。后来接到东方卫视工作人员的电话，让我马上入职，又临近放假，我没有太多犹豫，就选择去了东方卫视。

我实习的节目是一个大型原创喜剧真人秀节目《笑傲江湖》，所以需要搜罗全世界的搞笑人才和搞笑段子。在去实习前的一个礼拜，带队的实习生就让我们开始了实习的第一个工作——拉片。其实是找搞笑的人和搞笑的段子。这个任务本身是乏味的，但却是一个搞笑节目必不可少的工作。每天任务的量很多，以至于有的时候我们不得不要用质量不是那么上乘的视频交差。后来知道是每个小组每天都需要上交固定量的表格，当拉片的实习生少的时候，每个实习生需要承担的量就会变大。

在入职的第一天，带教老师就撂下狠话："我们节目是很忙的，每天都必须来上班，十一、十二点才下班是常态，如果没有办法坚持的话，就离职吧！"就这样，跟我同一批次的实习生 10 个走了 8 个。但其实，真正搞到十一二点才下班的日子还是极少数，一般九点就下班了。刚开始时，我得没有周休也太过分了，后来立刻就习惯了，发现没有周休还是有些优点，因为不需要想每周要做什么，工作期间包了午、晚餐，还可以省下一大笔钱。

刚开始的一周还是在拉片。但在第一次录制过后，我们小组便开始负责台湾的海选。或许是台籍，我莫名其妙地变成了"主力"，只要是跟台湾有点擦边的，大家都会来问我，联络台湾那边的工作，大部分都交给了我。其实，很多关于台湾的问题，我也不太清楚，还需要上网查证之后再告诉他们。经常是老师问带队的实习生，带队的实习生再来问我，我再查询后告诉他们。这可能是业界的工作方式，小问题让实习生搞定，老师们只要看结果。后来，我也在一些磕磕碰碰中完成了台湾海选的初步策划书。

老师们去台湾出差以后，我继续遥遥无期的拉片，直到参加节目的台湾选手 Amy 出现我才停止。Amy 是网络红人，或许又是因为同为台湾人，因此带教老师让我主跟 Amy。一般实习生跟选手主要的任务是，记录下才艺导演和选手讨论的表演内容，跟进服装道具，排练必要的时候播放音效以及提供选手一切他们需要的帮助。Amy 是一位很优秀的表演者，她的本子都是自己记录与自己修改，这就大大减轻了我的工作量。同时又因为才艺导演会同时带好几组选手，因此经常都是我跟 Amy 讨论本子以及排练。有了一层同乡的关系，我们很快就成了好朋友。经过一关又一关的审核，期间本子不停地修改又翻新又修改。终于到了录制当天，我负责在后台放音效。第一次放音效，真的是超级紧张的，幸好并没有出差错，我一个小小的失误都很有可能影响到 Amy 的表演。

　　第二次录制结束之后，我也就结束了我的实习。对我而言，实习中并没有学到很多新技能，更多是认识节目从创作到播

我和选手 Amy

出整个流程的艰辛，我也超级庆幸，自己能认识一群很好的朋友。

后记：我离开后，听说从台湾来了一批实习生。老师们特别交代大陆实习生们不要传递负面情绪使得台湾学生对大陆产生负面印象。我觉得有点好玩，如果真的有负面行为，台湾学生不需要听说应该也能感受得到。我也很好奇，都在同一个实习单位，从台湾来的学生与我们的观点上有什么异同？另外，对从台湾来的台生与在大陆求学的台生，重视的程度似乎有点差异。

用宽容的心接受大陆文化

□何铭晟

    2002年夏末我只身前往上海学习中医，最终学历是取得上海中医药大学的中医学博士学位，我目前在上海自在堂中医门诊部担任中医师。在这之前我分别在台湾及加拿大这两地待了十多年，台湾花莲县是我出生成长的地方，初中毕业后随家人移居加拿大魁北克，而后到了上海。旧上海是风光的十里洋场，现在是高楼林立便利繁华的大都会，西化的表面，不变的是上海始终保留了它的"中国根"，这么多年来，我已经适应且有点喜欢。我很难回答到底在哪里生活更好，或许各有各的好处，但移居到大陆，即使是国际大都会上海，实际在工作及生活中多少还是会碰到"中国本土特色"的适应问题。

大陆因为多方面的改革开放与经济发展，从 20 世纪 80 年代以来，经济以平均9%以上的速度连续20多年飞速地发展，整体环境已经好很多了，这点我感受深刻。在上海居住了十几年，从只有两三条地铁到现在的十余条，生活水平大大提升，现在的上海跟十年前根本就是两个不同的地方。上海在发展的过程中大量吸纳国外经验及开放外资企业入驻，即使如此，在各个方面还是自然而然地带着中国特色，这几年见到许多来中国大陆发展的朋友多多少少都会有类似的"适应"问题发生。

　　台湾这几年的大环境并不理想，在台湾的新闻中或人力网站的标题常常会提到"抢先布局中国大陆""台湾人前进中国大陆"，媒体的报道促使许多人去思考去大陆工作的可能性，或是因为公司业务变动直接被公司外派到大陆工作。我建议要来大陆发展的台湾朋友，在来之前应该深思熟虑，比较利弊得失，因为即使同文同种，台湾人到大陆生活还是会面对生活及文化习惯的差异性的问题。在工作中，也会直接碰到不够了解当地市场经验、沟通文化差异的问题，譬如我自己就花了漫长的时间熟悉且接受汉语拼音。台湾人（台商、台生）的优势或是政府给的优惠已不如当年，真诚建议大家在维持自己的专业领域优势的基础上，保持开放学习的心态，并且管理自己的期待值是非常重要的。再者，有家庭小孩的朋友，应该考虑到小孩读书问题，尤其是上海学校竞争相对激烈，国际学校的学费昂贵。

移居大陆，开始可能需要面对的不仅有水土不服、生活习惯不同等各种困难，很多制度很多层面也并非这么好，同时还要面对语言、价值观的认同差异所带来的文化落差感，特别是两边虽属同文同种，但接触下来之后发现原来我们之前有差别的时候。其实要能够适应这一切并不难，也不需要太多技巧，只要有一颗宽容的心接受当地的风俗习惯及生活方式，顺势走稳就好。

跟同学返乡探亲的旅程

□苏诗岚

2009 年，我因为工作告一段落，打算由政转商，在与朋友讨论后，考虑市场的发展及国际性的机会，于是投考上海复旦新闻学院广告专业，欲透过学校认识大陆及国际市场。在北京法政大学及上海财经大学念书的朋友建议之下先考硕士班，并顺利考上成为回锅新鲜人。

我的班级同学来自四面八方，由于是全日制，同学几乎都住校。为了更了解大陆与更深入认识当地学生的日常生活及文化，所以，我也选择住校，与八位同学共一寝，两人共一室。据我知道，当时复旦的台湾学生，较多选择住在校外与台湾同学或外籍同学分租。

跟我同一寝室的是来自内蒙古呼和浩特的小杨，另有别室来自河南的小云、东北的小贺，我们四个最常玩在一起。

第一个学期寒假，我们几个约了陪小贺回吉林给大爷、大娘（东北长辈称谓）拜年，顺便来个东北三省游，体验一下东北的"猫冬"。一大早，赵师傅载我们去搭七点起飞的便宜航空，到了机场换火车没啥冷的感觉；但出了火车站，有人立马就被冻哭了！听说，已经有好几年没那么冷过，零下三十几度的感觉，尤其是到松花江边看冰雕，呼出来带有水气的空气，感觉快结成霜。马路边的驴子，鼻孔周边一层霜，眼睫毛上也是霜；我的眼睫毛跟驴子一样都是霜。因为太冷，到小店买红星二锅头带到松花江边喝，即使酒精浓度五十八度，不论喝几口都没感觉。两件羽绒外套、两件羽绒裤，待在户外，撑不了两个小时。另一位东北同学路，是哈工大毕业生，特地请哈工大学弟妹带我们游哈工大，体验知名工校男女比例大失衡的环境，以及在地食堂早餐的半日游。又吃了黑色的"冻梨"、冰糖葫芦等小吃。到了贺家，亲切的大爷、大娘热情招待，晚上睡了烧柴的"炕"，体验到真的要穿少一点睡，不然会流鼻血。结束有趣的东北"猫冬"行，飞回台湾过农历年。

春节后，初二飞厦门，想趁春运结束前搭火车到河南找小云玩儿，去看龙门石窟。没想到，排了两小时才买到车票，而且只有硬座！想起同学教我，先上车再补卧铺，于是我上车了；随着火车经过的城市越来越多，车厢人群渐渐拥挤起来，前十二个小时内，我每隔半小时就找列车长补票。过了十二小时后，看到厕所内也站了三个人，我就放弃补票，不吃不喝，乖乖地把"三十七个半小时"春运火车硬座旅程给体验完。小云生病挂完水后，没告诉我她身体不舒服，还特地来接我，让我觉得非常不好意思，又很感动。河南除了龙门石窟、嵩山少林寺让我觉得棒之外，更令我印象深刻的是新乡的"胖东来"百货公司经营模式。"胖东来"提供免费改裤子长度的服务，即使非顾客也可享用，修鞋只收材料费，电梯有高帅服务员服务，厕所非常干净，让我有在台北百货公司的错觉。因口碑好，所以人气旺，在地品牌经营如此真了不起。

夏天，暑假开始，跟着室友杨回呼和浩特，再经由杨妈安排蒙古族同学带我们进入大草原，直至中蒙边境。蒙古族小青年开着跟我同款轿车，在草原上狂奔。还跨过浅滩至对岸，令我诧异不已，从不知道轿车也能具有四轮传动休旅车的性能。夜晚的草场，因无光害及当晚无月光，所以非常非常暗，住在草场内的小屋非常寂静。白日的草原里，体验蒙古族牧民的生活，喝着咸奶茶，吃着大块羊肉及炒米；想起第一次见到杨，无知地问她，在呼和浩特上学，骑不骑马。杨非常认真地告诉我，她们骑马上学，把马拴在操场上，每匹马都有编号，就不易搞混。实际上，呼和浩特的硬体设施相当完备，根本没有人骑马在路上走，平时间尖峰时刻还会堵车。

跟着同学返乡探亲的旅程，经历非常有趣的人文事物，各地文化差异令我大开眼界，并非三言两语可说明。非常庆幸当初决定选择住宿，跟同学变成像家人一样亲密的关系，在大陆多了几位好朋友；也非常感谢她们待我如亲人，让我体验她们家乡在地的不同文化，相信彼此友谊会随着时光飞逝，不断延展深化持续下去。

北京电影学院的入学经验分享

□ 林家民

随着台湾的电影市场持续萎靡，大陆的影片市场蓬勃发展。许多在台湾依旧保持着电影梦的学生或相关从业人员，纷纷考虑来大陆发展。有相关的人脉直接过来拍片，许多人则是苦无门路。其实，不论是考虑继续念书学习，还是拓展人脉，在我个人看来，北京电影学院都会是一个好选择。

北京电影学院的硕士生到底好不好考？我们且以 2016 届的本地全日制硕士生为例，1738 个报名者，录取者不到十分之一，文学系、导演系等热门科系的录取率分别低至 4.5% 与 3.5%。这里更需要提的是，大陆的研究生考试与台湾不同，因为是属于统一招生，每个考生一年只能报名一所学校的一个科系。可以说是没有两把刷子的，连报名都不敢。

所幸，大陆的高等院校对于台港澳的考生，其实依旧是

有优待的。以去年的台港澳考生为例，总共 22 人报考，录取
8 人。录取率上其实是有 36% 之多的。以下则是将个人曾经
参与过一些考试的经验，与希望考取北京电影学院的台湾考
生们分享。

　　北京电影学院往年一直是属于独立招生的一所学校，有
着自己独立的规定。一般而言，台港澳考生若是要报考在大
陆的高校硕士博士，会在四、五月间与其他台港澳学生统一
考试。而北京电影学院往年的规定则是与所有大陆学生一起，
在十二月左右统一考试。从去年起，按照教育部的规定，北
京电影学院的独立招生的考试及报名时间部分也与其他学校
的台港澳考试合而为一。也正因为是去年开始做出的变更，
去年学校在这部分的时程以及规定，还是有些混乱的。详细
的资讯依旧是以学校官方网页首页研究生院的规定为主。所
有的资讯几乎都会在网页上面的"招生动态"公布。

　　若 2017 级的硕博士生考试，与过去的一年相同，则报名
分两个环节，网络报名以及实体资料报名。首先是网络报名，
报名时间是会在 11 月底至 12 月中，在"面向港澳台招生信息
网"报名。想要报名的专业（系所）及方向（组别）则可以在
学校的研究生院"招生动态"上面的简章查询。每年的台港

澳招生名额没有特别公布上限或下限，全依该年的学校整体状况而定。第二个环节则是现场到学校的实体报名或邮寄资料的报名二择一，缴交诸如毕业证书及推荐信等的资料。在这里建议，若经济与时间许可，还是选择现场报名为佳。若有任何资料的缺失可以当场补齐，并且这是在正式考试之前，先来学校看看整体环境的最好机会。

考试分两个环节，初试及复试。初试亦即是笔试，约在四月左右举行，主要会考三个科目。外语、专业一与专业二。外语部分除了英文外，亦可选择日文等。其题型与大陆的研究生考试科目"英语2"大致相同。专业一，是北京电影学院全校不分科系的共通科目，主要是考电影及艺术的历史与哲学。网页上参考书目有不少，而其范围也是包罗万象。建议可以上网查询关键词"2016北京电影学院xx系硕士考试真题"等来寻找范例。而专业二则是依照考生报名的系来做区分，许多题目与实务经验是有着连结的，这部分也凸显了电影学院重视实践的特色。

建议考生在考试前就提早来北京，毕竟天气气候的不同，会对个人的影响颇大，提前来适应气候也是一种重要的应试技巧。如果有幸通过了初试，更精彩的复试等着你。复试约在五月左右举行，根据报考的方向以及系所不同，每个方向的考试也不同。除了面试之外，更有可能是有实务操作的需求，如导演系复试第一日拍片，隔日面试直接看片并口试。外语部分也会有着一个独立的外语口试，这部分主要是口试老师会以外语与考生就电影相关的事情交谈，测试学生的听说能力。

复试的时候，除了依照各系的要求准备之外，有另外一件很重要的事情需要先准备着——选定指导老师。选定指导老师一般可以有三个志愿，但是根据过去的学长姐们所说，"第一志愿才是唯一有用的"。过去几乎都是第一志愿的老师没上，后面志愿的老师也不会上了。

希望这段经验分享，能够为想要考北京电影学院的后进台湾考生提供一些考试相关的资讯。也祝福想要考的考生，每人都金榜题名。

大陆读书对回台湾创业的助益

□游博凯

我叫博凯，从小学四年级开始在广州求学，一直到大学毕业，并未上台商子弟学校，而是和当地学生一样经历求学生涯，唯独升大学考试获得身份优待进入暨南大学新闻系，大学毕业后回台湾创业，目前从事来台湾旅游的私人订制服务，并且自己是独立摄影工作者。结合在大陆生活的经验，让我更能了解当中的沟通方式，并且过往担任学院学生会会长时期拥有的资源人脉，也为我现在创业开启了道路。

从事来台湾旅游订制，成立 InsightTaiwan 台湾旅游管家，是想回归初衷，让更多的人看到台湾的美好。毕竟，来台旅游掺杂太多的意识形态，而且多半品质被低价做差，反而让来台湾旅游的朋友，对台湾也留下不好的印象，所以我希望透过努力来改变。

两岸之间的差异大，我并不从环境背景进行探讨，而是直接分享在大陆读书对回台湾创业助益的感受。

第一点，视野助益。视野的差异性，直接影响了谈吐的格局，谈资不仅限于台湾本身，使我更能够以一个全局观念去思考和讨论事情，也会希望自己事业上的格局不仅限于某个区域发展。

第二点，抗压助益。抗压性会更高。在求学期间，大陆的状态就是竞争意识相当激烈的状态，你不读书就没有出息，重大升学考试的竞争对手数量远远高于台湾，社会环境的压力也会逼得你往前冲，所以当回到台湾看待长官的严格要求，订单的不稳定等等，就觉得没什么，我偶尔也会笑笑，花时间吵咖啡涨价5元10元，不如多花时间去增长自己，赚更多的钱。

第三点，执行助益。执行力的速度，大陆环境做事情相当迅速，当一个创意的想法出来啦，就会想赶快去执行，自己不会没关系，那就找会的人一起组队，总之首要目标是：先做、抢市场，其他之后再说。因此，我在做事情上，想得不多，先做了再修正。毕竟时间不等人，你想得到的东西，别人肯定也会想到，先尽快独占资源，有绝对的竞争力才是关键。

第四点，融合助益。"狼"与"牛"的结合。台湾少了狼性的竞争意识，但却是很脚踏实地勤劳刻苦的为生活打拼，为梦想在努力。从对岸回来台湾生活创业后，内化了两边的优势特点，在设定目标上，听从自己的声音，为理想去努力，执行面上贯彻"狼性"但却不会急于求成，毕竟一步一脚印，勤恳努力才能成就未来，这就是台湾"牛"的精神。

分享与传承

□施沛琳

　　我曾任台湾《联合报》记者、《传艺》杂志主编、台北教育大学兼任讲师，后来就读厦门大学历史系的博士研究生，毕业后受聘于福建漳州的闽南师范大学担任教授至今。每每第一堂课，我会循例这样问学生："我来自'湾湾'；大家对台湾的印象是什么？去过台湾没有？想不想去？……"不过，大家的回答都是泛泛的答案。

　　自2012年进入闽南师范大学（前身为漳州师院）任教，被印记的就是："唔，她是台湾老师。"既然是台湾来的，该跟学生分享些什么不一样的上课内容，而同时也能让大陆的年轻人更了解台湾人，为两岸和平交往打下基础，是我需要考虑的。

　　先来说教些什么课程。每有朋友问说："你在学校教什么？"由于本、硕、博学的专业不同，大学学新闻、硕士攻艺术管理、博士是历史学，加上"登陆"前在台湾媒体近三十年的工作经验，通常需要很复杂地解释自己到底在学校里教些什么。简单地说，就是将这三个主流学科融汇成一个以文化研究尤其以文化传播为主的教学与科研方向。

目前，在闽南师大任教的方向以文化管理为主要，其中包括：文化管理专业课程，如文化创意产业、传媒等相关，以及与闽南文化、台湾史等相关课程。不论哪一门课，最核心的除了专业知识之外，就是多分享台湾经验。比如，在上文化管理相关课程时，台湾自本世纪初开始与时代潮流接轨而发展文化创意产业的一些实例，会是课程的重点内容。当然，在分享传媒生态经验时，过去任职报社所累积的媒体工作经验，台湾媒体的过去、现在与未来等情况，自然也会被列入教材。

同时，以闽南文化为重点的台湾经验亦为授课方向，包括：闽南语歌曲、闽南语戏曲与闽南语电影。闽南师范大学于2012年成立闽南文化研究院，作为学校的创新平台，闽南文化研究院是在整合海峡两岸相关高校优质资源的基础上组建而成的，集科学研究、学术交流、人才培养、政策咨询、信息服务为一体的综合性教学科研机构。院里除设有博士点与硕士点之外，更设立本科生的"闽南文化人才试点班"，面向全校几个专业的学生招生。

本职在闽南文化研究院，因此在这方面，个人先后开设"闽台闽南语民歌""文化管理理论与实践"与"台湾史"等课程，以民谣歌曲、闽南文化与文化管理等方向，让学生能深入了解台湾文化在闽台发展历史中的地位。

此外，个人也面向全校学生开设通识公选课，以闽南语歌曲、闽南语戏曲与闽南语电影等艺术种类，结合台湾史，设计三门课程："闽南语歌曲与台湾社会""台湾戏曲"与"闽南语电影与台湾社会"，从文化传播与台湾历史发展角度，让学生通过歌曲、戏曲与电影等内容，了解台湾社会的发展，而进一步加深对台湾文化的理解。在这些课程中，也都获得学生极佳的回响。

2015 年个人立项国家社科基金课题，研究内容为"台湾少数民族文化遗产保护与传承"研究，也将科研领域拓展至台湾少数民族的文化遗产方面，期望台湾少数民族研究能融入大陆相关学术研究之中。不论教学还是科研方面，期发挥所长对两岸文化交流有所贡献。

复旦大学报到的第一周

□蒋宜芳

18 岁，一个猖狂的年纪，我踏出了梦想的第一步来到了上海，来到了复旦大学。

我是复旦大学 2016 级经济管理试验班的蒋宜芳，早在高一就已经有了到上海念书的想法，尽管听闻学长姐讲述在这里念书强烈的竞争、思乡的烦闷、面临各方面的适应问题等等，我仍旧毅然决然地走出台湾，到这里一探究竟。以下是根据我的情况所归纳出的几点关于报到第一周新生们可能会遇到的疑问：

1. 报到：建议各位同学在报到前一两天（一般宿舍会提前开放）先到宿舍看看，把床单、蚊帐、棉被等较厚重的物品先买齐，可以在学校超市或附近超市选购，如此一来，报到当天可以轻松许多。另外像是银行开户、手机办理大陆门号，学校也有提供服务，不过排队要花相当长的时间，所以你不妨在报到前几天先到上海来把这些烦琐的程序完成。有毕业的学长说，以前校方会帮台生办理银行卡，报到就拿到，还终身免收每年 10 元的管理费，因为银行卡校方统一指定是中国农业银行，且该卡与交学费、奖学金关联，所以很重要。但是我面对的情况是：陆生有，台生没有。所以台生还得亲自跑一趟办理。

2. 宿舍：复旦宿舍是四人一间，厕所和洗衣的地方是分开且共用的，有些人的卫生习惯不太好，所以常常可以在厕所遇见"惊喜"，另外需要自己洗衣服、晾衣服，打扫整理样样要自己来。宿舍的环境并没有很好，来到这里才体会到住家里有多方便和幸福，因此可能需要花一些时间来适应。

3. 澡堂：澡堂一直是我最担忧的问题，一想到洗澡还要与他人"坦诚相见"，心头上像是压了几百斤的石头。第一次进澡堂洗得十分急促，第二次进澡堂就已经渐渐习惯了。其实大可不必紧张，因为真的不会有人去注意你，大家都是忙着洗澡的。虽然和家中的浴室比起来仍是相差十万八千里，但这里却是在寒冬中供你洗热水澡的地方。

4. 支付：在这里多半是靠微信支付或是支付宝，就连缴学费也是靠网上的操作，当然若是你执着于用现金付款也可以，只是会变得麻烦许多。刚开始的我也是一点经验也没有，但试了几次后就上手了，也深深感受到它的便利性。

5.同学：在这里的大陆同学对台湾人多半是友善的，我认为既然来到这边念书就应该努力地融入大家，尽管在一些文化或是用词上有些差异，不过这些都是可以学习及包容的。我的室友分别来自上海、河南和江苏，与她们相处了几天后，我和她们的感情比和台生还要好，其实她们也和台湾学生一样喜欢看剧还有从事一些休闲娱乐，只要抱持着真诚的心和她们相处，不难结交到许多朋友。

我认为来到这边求学"勇气"和"坚持"是很重要的，然而却也是十分困难的，在几百位同学当中举手的勇气、争取自己所想要事物的勇气，你要卸下平时的自尊，不要怕出糗，一旦跨出了第一步，就赢过了许多人，而这部分我也还在努力当中。在这漫长的时日里，你一定会遇到挫折、会想家、会有想要大哭一场的时候，坚持不下去的人便是打包行囊，为这趟旅程画下了不完美的句点。我想说的是，坚持下去，你就能看见更多的事情，更广阔的未来，既然做了决定，就不要怕跌倒受伤，不要轻言放弃！

申请北大的小插曲

□ 黄锦泓

申请北京大学的过程着实漫长，但等收到正面的录取结果，觉得这一切都是值得。在申请北大之前，我是透过在北大的台生学长才知道到大陆求学的资讯，而学长其实是我透过来台湾的大陆交换生才认识。我曾做过统计，基本上申请来北大、清华的台湾学生，几乎都有认识的学长姊在那里念书，由此可知，人脉就是关键的第一步。

1. 关注网站。大陆似乎只有北大与清华是对台湾独立招生，其余学校大都是经由港澳台联招考试的管道，具体情况也希望各地台生能更新介绍。如果有兴趣来北大念书，大约在每年的十月份开始，就可以在闲暇无事时经常关心，打开招生网站，看哪时放出公告。我的经验是大约在十二月份报名，所以，约有一个多月的时间准备申请材料。

2.研究计划。这边我要特别提到——"研究计划"，因为北大需要约一千字的研究计划，而以台湾商科来说，很少有学校会要求在大学写研究论文，所以，研究计划的部分真的花了我很多时间。因为，从报名简章出来到截止收件，其实真的没有很多时间，尤其这只是其中之一的材料，还有自传、推荐信等要处理。

3.自传。自传的部分，我建议如果有大陆的同学或是已经在大陆上学的台湾学长姐可以拿给他们看一下，修改一下词汇，有些词汇两岸是有差异的，比如：台湾的"道地"美食，在大陆就是"地道"美食。所以如果可以在些细节上做努力，应该有加分作用，毕竟教授看得会比较轻松。

4.表格。我在填报名表时遇到一些问题，比如：曾就读学校，上面写从大学开始往下填，但我不太晓得"往下"是从大学开始往高中、初中这样填，还是大学之后的，虽然正常想应该是后者，但是要求精确还是拨了电话给系办。重点来了！系办的电话非常难打，打了十几通才接一通是十分正常的，甚至打不进去的状况常出现。别的学校情况不知道，至少我申请北大时，所遇到的情况是这样。所以，那时十分困扰我，还有身份证是填台胞证还是台湾身份证的问题也一度困扰着我，当然一开始或多或少都会有这样的问题，久了就会知道这些是基本常识。但是，对土生土长的台湾人来说，第一次填写大陆的申请表时真的很容易迷糊。

5. 复试。在这里要特别、特别强调等复试的过程。北大每个学院的制度都不太一样，比如：经济学院会用EMAIL通知复试，但是政管院却没有用EMAIL通知，而是会放在院的网站上面。由于经济学院提早接到EMAIL通知，所以当时以为政管应该也是如此，结果迟迟没有收到消息，我也就在闲暇无事时会逛一下他们网站，想会不会是放院的网站。结果，在某个周三晚上，从PTT上认识一起申请政管院的同学跟我说放榜了，让我赶紧去看，结果还真的是放院网，而复试时间竟是下周二。所以，从放榜到复试，只有不到一周的时间可以准备买机票、订酒店等。北大的面试属于中规中矩，全程二十分钟，录影录音，五位教授，分三关，有些院会有英文听力考查，如经院。

这里要特别告知大家，要抓一下时间，三月初就要预先准备好行李，不要像我搞得乱哄哄的，只记得准备面试的东西，行李都是出发前一天才弄好，会让自己太紧张，有可能会影响面试。

总归几个点：请尽量让教授看得舒服点，避免两岸用词差异；商科的同学请提早准备研究计划；北大的办公室十分难联系上，要有心理准备。最后，申请请勿着急，步步为营，谨慎与做好事可以帮助你心安。

从广西之旅体验两岸文化差异

□余立帆

我现在是高二的学生，印象中第一次去大陆是我 5 岁时，跟着外公、外婆去找在上海工作的台干舅舅，当时也去了杭州旅游，觉得菜好咸。第二次是 2008 年去北京看奥运会，那次觉得大陆真的好大，走路好辛苦，坐了好久的地铁到了军事博物馆，结果竟然还没开幕。第三次是 2010 年跟妈妈去上海、苏州，姨爹在苏州园园区开了一家饮料店，生意忙到不行。第四次是去上海参加舅舅的毕业典礼，第一次看见那么多博士，觉得好像博士也没有什么不一样，但是我有点羡慕。第五次是跟妈妈到北京拜访她的老同事，吃烤鸭、炸酱面，可惜没有吃到涮羊肉。所以，算起来我对大陆并不陌生，但是 2014 年 7 月 24 日我参加台中自然科学博物馆举办的活动，是我第一次独自到大陆。从广西回来台湾之后，感觉很棒。

因为，自己一个人看大陆和跟家人一起真的感受不同，以前的感觉就是吃吃喝喝，看看风景，要不就是听大人讲故事，说大陆的情况。这次的活动让我学到了许多知识，也体会到了不同的文化。例如：广西的酒店早餐大部分都是包子或稀饭，而台湾是比较西式的汉堡、面包、奶茶；大陆的"酒店"竟然是台湾的"旅馆"……这些文化差异都是我自己在这几天中观察出来，对我来说是非常宝贵的经验和回忆。

在旅途中也有许多永生难忘的事，而且对生活上也有非常大的帮助。当时我们去看白头叶猴时，路上都是由泥巴和牛粪铺成的道路，这在台湾很少见，为什么会这样呢？经过观察，我认为因为这里是保护区，再加上有村民的牛车经过，所以造成这样的现象。另外，路上积水让每一个人的鞋子都脏掉，虽然湿湿脏脏的很难受，但看到白头叶猴在树上跳跃的样子让一切的辛苦都值得了。还有我们去看黑叶猴时要走过一块又一块凹凸不平长满青苔的石头，而且旁边又有许多长刺的藤蔓。在这个行程中，虽然没有看到黑叶猴，但是我们看到了史前人类生活的遗址也算是意外的收获。

之后我们又参观了许多的景点，例如德天瀑布、红八军纪念馆、史前壁画、崇佐动物园等，都是台湾看不到的地方，尤其是中越边境的德天瀑布，让我有机会体会站在两国边界上的感受。

时光飞逝，在时间的游走下，我和其他同学只好踏上回家之路。广西之旅令人非常依依不舍，毕竟这十天和团里的老师、同学也有了"同生死共患难"的情感，希望能有再相聚的一天。

参加广西自然探索夏令营，不但让我回味无穷，也让我结交到许多知心好友，如果说有什么意犹未尽的事情，那就是没能好好和对岸同学进行交流了。如果还有类似机会的话，我一定要再参加，与大家一同体验两岸文化差异。

介绍广东中山大学

□谢承叡

各位读者好，我目前是就读于广东中山大学 2016 级管理学院工商管理类专业的本科生，很荣幸有机会在此介绍我的大学，并就我申请的状况与大家分享。

中山大学创校于 1924 年，是由孙中山先生亲手创办的高等学府，故校歌中有"中山手创，遗泽余芳"两句。当时，中山先生将广东师范学校、广东公立法科大学、广东公立农业专门学校合并，改组国立广东大学，其后，于 1926 年第一届国民大会上，为纪念中山先生，改名为中山大学，开始中山大学的新篇章。

大陆的中山大学现有三校区五校园，三校区分别是广州校区、珠海校区与正在建设的深圳校区，五校园则包括珠海、深圳校区及广州校区的北校、南校、东校。南校原是岭南大学，

50 年代时并入中山大学。享有"康乐园"盛名，是具有丰富历史文化的校区。红砖绿瓦的建筑，搭配主干道两旁蓊郁树林，形成一种包容谦冲的氛围。

个人认为，南校是最能体现出中大精神"独立之精神，自由之思想"的校区，在这里，任何人都能共享康乐园深厚的底蕴，接受那独特岭南文化的熏陶。许前校长宁生说过，他在中大最感到自豪的便是学术的亲民，在新港西路上与中大比邻而居的便是广州纺织城，堂堂南中国最高学府不应该是高高在上，而是应该向任何人敞开大门，学术应是面向人民，为普罗大众服务。

东校位于广州大学城，也是管理学院本科所在地，大学城是一座岛，岛上有十所大学，我们习惯称自己为"岛民"。大学岛充满年轻人，青春洋溢的氛围环绕整座岛，这里生活设施完备，新天地百货公司，贝岗村夜市，一饭、二饭、四饭堂，内环等，为大学岛上众多学子提供了各式生活与娱乐的需要。其中东校的饭堂是我最为推荐的，物美价廉，自选菜肴丰富，价钱却又公道，不过外校人员会加收钱。但也因为商业气息浓厚，被一些人批评较无学习氛围。此外，东校图书馆中，拥有一台号称当代最快的超级电脑"天河二号"，所以在此也可以享受高速的运算资源。

然后是珠海校区，珠海是一座美丽的滨海都市，且空气清新，气候宜人，但也素有"好山、好水、好无聊"之称，不过现在学校有两项重大计划在珠海进行，分别是天琴大科学计划与南海科考船计划，也就是说，学校正重点建设珠海，今年也在珠海新办了一些学院。

讲到这里，必须介绍一下现任校长罗俊，他是华中科技大学前常务副校长，也是物理学院院长，这两个计划就是他一手推动的，同时，他也提出了学校新的愿景"大平台、大团队、大项目"，并以培养"德才兼备、领袖气质、家国情怀"的学生为目标，他的到来，将使得中山大学进入崭新的篇章。

接着为北校，北校为鼎鼎大名的中山医学院所在地，中山医学院的学制为五年，每年大概收五名台生，北校最早可追溯到博济医学堂，后来成为中山医科大学，后被并入中山大学，临床医学的同学第一年是在东校度过的，因为北校相比其他校区比较小。同时，北校也是学风最盛的校区，中山医学院治学的严谨是广受认可的。

再来介绍我的学院，管理学院。

中大共有三个商学院，分别是岭南学院、管理学院与国际金融学院。岭南学院比较偏向学术，而国际金融学院历史尚短，因此当时的我选择了管理学院作为我的第一志愿，中大管理学院历史悠久，是第一个由教育部批准所设立的管理学院，经过三十载的日子，培养出优秀的领导人才无数，并于今年的第三轮学科评估中，与清华管院并列第三，是一所走在前沿的学院。我们学院以"商界黄埔军校"自诩，并以临近珠江三角洲的优势获得了大量的资源与实习机会。

此外，在中山大学中，本院有钱的程度也是为人羡慕的，这得感谢广大 MBA 学长姐们为我们院做出的贡献，举实际的例子来说，我们院在中秋节时发放月饼，并且今年开学时包了数辆游览车，将所有同学载至南校园进行开学典礼。比较特别的还有，管院今年进行科系优化，所以现在管院分为两大类，工商管理与会计学，原本下辖的八个系变为两个，还有一点就是管院从今年开始，高等数学的教学将会从以前的经管类数学改为工科数学，以便顺应未来变化多端的市场。

再来谈谈台湾学生在中山大学的现况，台湾学生在中山大学的人数大概有 100 名左右，同时还有台生会，但并非官方组织，而是属于港澳台部之中。学校对台湾学生有一项特殊规划，就是内地学生在军训时，学校会安排港澳台生上课，并且由学校出资让港澳台生前往大陆各地考察，今年的目的地是北京，珠海校区则是南京。此外，学校也专门为港澳台生在南校举办了一场开学典礼，我认为这方面学校做得不错。

最后，回归到中山先生的训诫，也是我们的校训"博学、审问、慎思、明辨、笃行"这是中山先生对我们的期许，也是中山大学学子处世原则。同时也必须牢记当年中山先生给第一届毕业生的训词："要立志做大事，而不可立志做大官。"中大学子谨记学习是为了人民服务，是为肩负时代使命而学，独立之精神，自由之思想，与各位共勉，并且在此感谢各位的阅读。

如何同时准备两岸研究所考试

□ 李懿璇

一般的台湾学生要考研究所时，通常第一都会先想到准备报台湾的研究所或是欧美的研究所。我是在准备考试的期间，才偶然得知可以报考跟申请大陆的研究所，所以如何兼顾两者，找出台湾与大陆的考试公约数，是考前准备的重点。

一般来说北京大学、清华大学、人民大学都是需要申请的，其他学校则是需要考的，如：复旦大学、南京大学、上海交通大学等。我是报考商学院，所以在台湾是选择考经济学跟微积分组，台湾的商学院有很多考科组合可以选择，但是如果考量到要报考大陆商学院的研究所，从我的经验建议还是选择微积分组，这样准备起来会比较轻松，因为考科重叠性比较高，只是大陆的数学多了线性代数跟统计，但微积分的比例还是比较高的。

备考研究所大概是从 7 月开始，然后到了 9 月底北京大学开始报名，就可以开始准备自传、研究计划等要申请北京大学或是北京清华大学的资料。接着到了 1 月就是台湾研究所的考试，建议不管你是不是有意愿要读台湾的研究所都去报考，原因是：第一，可以当成练练笔，毕竟多数人在大学四年期间几乎没参加过大型考试了；第二，可以当个备案，毕竟大陆的研究所一次只能报考一间。接着考完台湾研究所就要等到四月去考大陆的研究所了。以上所述，就是考研的大致行程表。

　　相比之下，你会比一般只考一边的人要付出更多的心力，也会比较辛苦，需要多准备一些科目，准备考研的周期也会比一般人拉得更长，一般考生考完台湾研究所后就开始大放松，这时候却是你要复习大陆考科的关键时刻。但是，只要你愿意好好静下心来准备，相信你的收获也会更加丰富。

我在广东高中三年的感悟

□赖彦慈

我出生于台北，6 岁随着父母来到广东东莞居住，于是开展了我在大陆的 17 年生活。2016 年毕业于中南大学，拿到学士学位，并且在中南大学继续就读研究生。

我的高中是就读于深圳第三高级中学（深圳教苑中学）。在大陆上高中都是要经过中考的。在深圳中考的录取线却有两种标准，一是深圳户籍，二是非深圳户籍（所谓的择校生）。当然，普遍来说，身为非深圳户籍的学生的分数线要求是比深圳户籍的分数线高。高一那年，发现自己的各科分数都是倒数 10 名，感觉非常沮丧。大陆学习竞争力大，不管到哪里都有高手。我抱着自暴自弃的心态过了高一。

高二那年，经过了文理科分班，我选择了理科。分班之后，成绩一样不是很理想，排名还是很后面，这样的情况让我压力很大，于是我打算不再堕落下去。我买了几本"五年高考，三年模拟"的书，各科练习册，从早自习到晚自习后都在学习，下午下课后，我快速洗澡和吃饭，然后就立刻带着我重重的书去图书馆自习。日复一日，我对学科的疑难点都弄懂，对难度较大的题目也进行了突破。我从班里排名 42 名跳跃到班里第 7 名。老师对我赞扬，同学对我感到惊讶，而我认为只要有努力，有付出，一定会有收获。这样的结果让我对自己更有信心，按照我的学习方案持续下去。

高三那一年，我转到广州华兴港澳台中心培训。身为台湾身份，高考的总分加 10 分，而港澳台联考录取分数线要求相对低，于是我选择去华兴培训。在华兴，聚集各种来自名校的港澳台学生，加上港澳台联考试卷比高考难度大，相对竞争力较大。我的班级排名再次掉到倒数行列，这个让我挫败感更大。但是一年里，所有人都有很大的进步，所以我不再关注排名，我更关注我的各科分数与总分是否可以达到理想高校。我的联考总分比模拟考高出 100 多分。虽然最后落榜于当时心中的第一志愿厦门大学，但是，也被排在大陆前 20 强的中南大学录取。入学后觉得中南大学确实是值得就读的好学校，所以，我现在还继续选择留在中南大学读研。

回想我高中的三年读书期间，跨越了广东省的三个城市。我家在东莞，而高中分别在深圳和广州。这些对我来说都不是问题，因为在大陆，我学到了适应能力要很强，要具备一定的抗压性。大陆是一个竞争压力很大的地方，我们身为在陆台生不需要畏惧，只要相信自己的实力，跟陆生一样去努力奋斗，总有一天会有自己的立足之地。

"一鱼两吃"的两岸考研经验

□山智璇

2015年的寒假，我开始踏上准备研究所的路。台湾的商管研究所考科分为经济学、统计学、财务管理、管理学、微积分以及每所必考的英文。这些跟陆研的考科都大同小异，由于我自己对未来的安排与志向，我选择经济学、统计学和微积分作为我往后要应考的科目。

我大学读的是西班牙语，和未来要考的所有科目都毫不相关，因此在准备考试的时候是多线齐头并进，一方面要顾好学校的课业，另一方面则是要努力学好这些全新的东西。这段两面兼顾，焚膏继晷、日夜苦读，充实又忙碌的日子，在当时可说是苦不堪言，但现在细细想来，却是人生一大宝贵的经验与回忆。

经济学，是我考研的路上面临的最大难关。对于一个纯文科生而言，乍然面对这博大精深的经济学，光有热情和冲劲是远远不够的，还需要有强大的决心和用心学习的毅力，而我用一年的时间，尽己所能，倾己之力，做到力所能及的地步。

微积分是我的考科中，让我稍稍提振信心的一科，除了得益于高中数学之外，还有强大的微积分老师，他的教法条理清晰分明，让我能很快进入状态，除此之外，平时也多写多算多做题目，能做多少算多少，循序渐进地进行。

我非常感谢，在我决定考研究所之后，出现在我身边、在我面临困难时帮助我的所有人。尤其是经济学老师，她给了我非常多的启发，不只教会我经济学，更多的是对人生和对这个世界的认识，也因为老师的建议，我才毅然决然报考陆研和申请北京大学。除此之外还有考研认识的伙伴，有她一起互相勉励才能一路走到现在。另外还有父母家人不遗余力的支持，作为我考研的动力。

另外，我也想分享我准备同时应付两岸研究所考试的"一鱼两吃"经验。我决定考研究所之后，因为经济学老师的建议，同时也开始了关于陆研的准备。大陆的研究所除了两大顶尖的学校——北京大学和北京清华大学是需要申请的之外，其他都是透过港澳台联招，这部分和台湾大同小异，一样是看专业选考科，唯一不同的是，只能报考一个学校一个专业。

港澳台联招比台湾各家研究所的时间都还晚，大约是在春假的时候考试，准备这个联招的时间大约和准备台湾研究所的时间是重合的，考科也几乎相同，因此在准备两岸研究所方面，比较需要两头分神的还是在申请上面。

当时，因为决定要申请北京大学，便开始了一边念书一边准备备审资料的日子。现在回想起来，那段日子颇为煎熬，因为北京大学开给我们这一届的名额相比上一届是少了一半，因此我们在选学院和选专业上，苦恼了非常久。在这期间，我认知到平衡所有作息时间是多么重要。必须要分配好各项工作的时间，循序渐进，按部就班，如此才能在有限的时间内发挥最大的效益。

其实，在考研究所的这条路上，真的面临了非常多的困难和考验，尤其对我这个跨专业的来说更是面临许多煎熬，在还没收到北京大学的录取通知之前，经历了失败、挫折和无尽的迷惘，甚至有想过考研这个选择到底是否正确。庆幸的是，有老师、好友和家人陪在身边时常给予鼓励，才能重拾信心。

我认为，准备研究所除了不遗余力的努力，更需要的是坚定不移的内心。不管结果如何，最重要的是要尽全力不让自己后悔，与大家共勉之。

我选择来北京读数学的考虑

□林杰胜

在分享之前，先要感谢北京大学给我机会能到该校读书，进入北大之后，我会更加努力读书，出社会之后，一定要回馈北大。今日我以北大为荣，明日北大以我为傲。

升大三时，几乎每个人都会在这段时间思考未来的方向，是要考研究所，还是先去工作，赚取一些工作经验？有些人也许因家庭的因素而选择先工作；有些人为了继续钻研学术，选择继续跟着教授走学术之路。而我选择准备考研究所，设定目标，考台湾大学研究所，然后去海外工作，接触不同的文化，如果一直待在台湾，是无法了解外国的世界的。

以前我就很想去美国，所以开始询问有去过美国的同学，收集一些资料。有一天和同学一起出去吃饭，聊到准备研究所事情，他提到他要准备大陆的研究所，当时让我吓一跳，之前从来没想过有机会可以去大陆读书，越聊越让我想要更了解大陆的研究所该如何准备，觉得这也是一个不错的方向。回到家，我尝试比较了去美国和中国大陆的差异 (如下表)。

单位：新台币

	中国大陆	美国
学费	4-30 万元 / 年	100-150 万元 / 年
语言	中文	上一年语言学校
生活费	估计 10000 元 / 月	估计 15000 元 / 月
距离 (搭飞机)	4 个小时	14 个小时

通过以上简略的分析，我最终选择到大陆读研究所。因为到美国需要先上一年的语言学校才能读研究所，会比到大陆多花一年，生活费是大约估计，之前有跟同学聊到，美国的开销也是很大，而且距离也非常远。其中最主要第一个原因是学费的问题，我来自小康家庭，经济上无法支付那么大的金额，所以最后我选择考大陆的研究所。第二个原因是大陆市场广大，读完研究所希望可以在那里工作，有不错的发展。

至于科系，有的人会问我为什么还要选择继续读数学，这就要从大学开始说起。我大学就读数学系的资料科学与数理统计组，在大学四年里，我接触到很多统计相关的课程，学习一些统计软件程式，渐渐地，我开始喜欢上统计，也开始运用统计软件程式来分析大数据，刚好赶上最近流行大数据，也让我定下目标，要考统计研究所。但在大陆，统计这门学科似乎没有独立出来，例如这次我报名北京大学应用统计硕士，被分类在数学科学学院底下，而在台湾是被独立出来。

最后，选择北京大学是因为它是全大陆第一的学校，很多资源都集中在那里，有来自四面八方的学霸，能与他们一起读书是我这生中最大的荣幸。

我在樱花城堡里的日子

□ 田佩静

对武汉大学的印象，是三月樱花纷飞，还是九月金桂飘香？都是，也都不是！之前选择到大陆就读博士，也深深思索了良久，看着许多高校的介绍，光是厦门大学跟武汉大学两所学校，就让我的内心经历了激烈的拉锯战。后来我随着兴趣跟专业走，去厦大回台湾老家是方便快捷，去武大，又是一处陌生且无人认识我的地方。想想，最后依着指导老师的专长，我来到了武汉大学。

一般台港澳学生要入读大陆高校，并不是依从着高校考博的程序走，对于台湾学生来说，有个夏潮基金会的代办机构，专门负责台湾学生考大陆高校的一切事项，通常是每年3、4月完成报名手续，6月到香港或澳门考场参加笔试，早上安排考英语，下午两节考专业项目（一）和（二），只要分数达标，就会收到录取通知书，9月准备入学报到了。

还有一种入读方式，大陆有些高校是单独招生，例如北大，只要你符合资格，于报名规定时间内完成手续，依规定前来考试，面试，通过后同样也可以成为博士生。

2014年的9月也成为我的人生转折点，我来到武汉大学新闻传播学院，成为一名传播学方向的博士生。

武汉大学的校园是美的，四季有四季的喧闹与恬静；武汉大学是广阔的，用步行走一圈校园，会身轻体健；武汉大学的学风是自由的、开放的，百年来的根基不是浪得虚名。

在武大读博，第一年要依循着博士生培养方案计划，将你的必修以及选修学科修读完毕，也要符合毕业学分要求；第二年就开始思索博士论文选题，有学霸级以及大牛级的同学，早早在一年级的时候就将发刊的论文，陆续发表了；然后二年级选题确立后，利用充裕的时间撰写博士论文，再经历预答辩、答辩的惨烈过程，方得顺利毕业。

在武汉大学求学近三年里，住宿被安排入住学生宿舍、每个学部都有大小食堂提供价廉物不见得美的餐饮，但是不想被虐，要早早摸清楚校外可以打牙祭的地方，基本上，新生入学报到注册时，学生会长都有资料派发给新生们。广阔的校园，校方也会安排三条不同路线的校车小巴让学生及校外人士搭乘；基本上在武汉大学生活是安全无虞的，食、住、行皆齐备。

三年来，在我级同学群里以我的繁体字为傲，我班同学相处下来似兄弟姊妹般地逗趣、学习交流，分享人生，开怀畅谈，两岸政治上的牵绊完全被学术洪流所淹没，加上武汉大学学术思想、校风开放自由，除了敏感性话题尽量避免。

然而，我极其羡慕2016级的博士新生们，自从樱园老斋舍修整后，学校安排了2016级博士新生入住，全中央空调、wifi全面覆盖以及古色古香的寝室用品，当年因整修被迫搬迁出来的同学们，对此真是羡慕，忌妒，五味杂陈。

如今的我也迈入了博士论文选题→开题→撰写→预答辩→答辩的日子里，获得博士学位后，我会思考着留在大陆教育年轻学子们，将学识、经历分享与交流出来，透过学习分享而尽力消除两岸之间的因历史所留下的隔阂。

想交朋友，你可以来武大；想追求知识，更要来武大；滋润人生、丰富学术底蕴，欢迎加入武汉大学学子行列！

北京大学无锡校区生活二三事

□卢旻

我于 2015 年 9 月初抵达无锡，当时的气候由夏转秋，穿着短袖长裤搭配薄长袖刚刚好。一到学校就忙着办理注册、入住手续，紧接着与室友们各处办理初入大陆的各种琐事，像是银行卡、电话卡等。我就读的是软件与微电子学院研究生院，学生人数约为一百二十人左右，校内环境幽静，附近最方便的交通工具除了自行车以外就是公交车，再来是小红车（也就是所谓的电动三轮车），最后是滴滴打车。无锡邻近太湖，相较于内地各处，湿气较重，天气与台湾相似，就是冬天会较冷，还有可能下雪。而饮食习惯与台湾更为接近，就是偏咸偏油，平常没事在宿舍就自己煮，但更多时候会叫外卖。

初来乍到，对未知的一切都充满好奇，努力与身边的人打成一片，尽可能地熟悉身处的环境。无锡并不像北京、上海那么繁华，而北大无锡又在大学城周围，因此附近娱乐场所只剩大卖场。于是乎，我们利用课余时间，举办了好几场盛宴。其实就是各自煮几道菜，然后大家一起享用，吃完饭后再进行几场桌游，这就是我们平常生活休闲的样貌，在平凡中创造我们的不平凡。在无锡的日子，其实很像大学的生活，时而忙碌时而清闲，忙碌就从早到晚不睡赶报告背考试，清闲就追剧、运动、逛淘宝，不像的大概就是离亲朋好友很遥远，周边环境很清闲，学校后方还有一座雪浪山，大约在四、五月时有薰衣草季。

除了上课的时间，会多出很多空闲的时间。古人云："读万卷书，行万里路。"因此，除了研读老师发的课件外，最重要的就是游历四方。趁着放假的时间，就会到处走走，我目前最北到过哈尔滨，最西到过玉门，最南到过宁波，一路平平安安走过十多个城市。遇过最危险的就是手机被偷，但也从中获得很多，像是结交形形色色的朋友，或是享受当地才有的风情。但最重要的还是，在这之中我看见的世界比在台湾看到的还要大得多。

我想，一辈子都会怀念这一年在无锡生活的日子。在这里我们如同家人般相处，从一开始的拘束到后来的无话不谈，熟悉彼此脾气与个性，开心的时候一起笑，生病的时候互相照顾，有困难的时候，大家集思广益想解决的办法。尽管其中有笑有泪有苦有痛，在异乡，我们就是彼此的依靠。现在我们各自在实习的领域中努力，实践我们当初所立下的诺言。经过这两年各种挑战的熏陶，未来的我们面对再困窘的处境，一定能游刃有余，困难也将会迎刃而解。

台生进藏指南

□ 赖承佑

　　我是一名土生土长的台湾人，随着大环境的变迁，离开舒适圈成了我的梦想。大陆是个充满竞争压力的环境，我为了锻炼自己，开阔视野，于是选择到大陆就读大学。当我申请到广州中山大学，暂时卸下课业压力时，便想规划一趟旅程，脱离都市喧嚣。

　　世界屋脊所在地西藏，是一生必去的地方，它不仅能让你欣赏到高原上大自然的壮阔，亦能让你体会到藏族文化的智慧与传承。种种的原因使我选择西藏作为主角启航。

　　对台湾人来说，进入西藏的手续并不繁复。办好旅行证件和台胞证是最基本的，如果是在台湾挑选旅行社跟团到西藏，那基本上旅行社会把所有手续办好；若想要体验自由行，那台湾的管道是没办法的，需要透过中国旅行社办理，而且规定一定要配一位导游随行，所以其实是种半自由行。此外只要是非大陆人都要办"入藏函"，入藏函只要透过台湾或是大陆的旅行社办理即可，比较需要注意的是，入常藏函核发所需的工作日非常长，所以要尽早委托旅行社办理。

我本身是采取自由行，并随行一位导游的方案。去西藏确实是有一位当地的导游同行会比较好，在游历的过程中，可以更深入地了解藏族人民与藏文化的知识；除了导游，去西藏一定要包一台车并配一位司机，因为所有自然景点都需要驱车前往而且需要花费数小时才能抵达，并没有公共交通工具能到达，所以包车是最方便的选择。

进入西藏的交通方式有飞机和火车两种。飞机的方式是从台湾飞到四川再转机到拉萨机场，飞机一大优点就是快速，但缺点是飞机不能像火车一样让身体渐渐适应高原的气压变化，容易在一下飞机后感受到程度不等的高山症（高原反应）；火车的路径是从台湾搭飞机到青海，再到火车站搭火车经青藏铁路到拉萨，而火车的优缺点就和飞机相反，优点是容易适应环境变化，缺点是要花上十几个小时才能从青海到拉萨。我选择的是青藏铁路的路线，因为搭乘青藏铁路的火车带给我翻山越岭的感觉，以及欣赏沿途美景的机会，如此难得的机会，怎能不搭呢！

我觉得西藏最值得分享的是宗教文化以及名山圣湖。西藏人自出生以来便信奉藏传佛教，而且，政教合一的体制使得藏文化的传承可以绵延不绝，并不会因为时代变化而没落，这也让藏文化资产得以历经千年，仍完好呈现在我们面前。西藏文化资产两大宝库分别是布达拉宫和大昭寺，前者是政治中心，后者是宗教圣殿，来到西藏绝对要参观这两大世界文化遗产，里面的文物都传达着每段历史的价值和藏文化兴衰。参观过程中，宫殿、庙宇内的庄严和富丽堂皇确是吸引着我的眼睛，但最让我印象深刻的是导游带领我们参观布达拉宫的过程中所说的话，她说："人一定要有信仰，没有信仰的人是可怕的，因为人没有信仰便没有做人的底线。"她所谓的信仰并不一定是藏传佛教或是其他宗教，而是每个人心中相信的信念。尽管西藏人生活在天候、地形严峻的青藏高原，依旧与大自然和平共存，这就是因为西藏人将山、湖视为神的化身，相信神会保佑信徒。

相对于西藏圣湖纳木错、圣山念青唐古拉山，台湾的阿里山、日月潭根本是小巫见大巫。青藏高原的旷美，会使得眼睛感到审美疲劳，四处的崇山峻岭蔚为奇观。如果你想脱离都市的喧嚣，体会不必追逐的闲适，那西藏，你值得一去。

"大众创业、万众创新"下的蓝海策略

□张先鹏

2014 年 9 月，国务院总理李克强先生在夏季达沃斯论坛上公开提出"大众创业、万众创新"的号召之后，两岸及港澳都掀起了一股青年创业的新浪潮，尤其是在大陆念书的台湾青年学子们，有非常多的人想在大陆创业发展筑梦大陆，寻找自己的一片天空。我曾经在台湾的真相新闻、东森新闻、中天新闻担任过记者，也曾担任新竹市政府市长室特别助理、立法机构关沃暖委员的办公室主任与中国国民党中央党部相关职务，在 2009 年时到大陆来考察创业环境，于 2010 年在北京成立鹏博策略文化传媒有限公司，2014 年到北京清华大学公共管理学院攻读博士。这六年一路走来，累积了许多在创业中点点滴滴、酸甜苦辣的经验，受到邀请，刚好借着这个机会简单地跟大家分享一下自己创业初期的战略思维。

2010 年大陆的环境已经是处于一个蓬勃发展的阶段，台湾也有非常多各类型的企业在大陆设立公司拓展业务，在北京、上海、广州、深圳等经济发达、人口密集的一线城市中尤其众多。我也在北京成立了第一家公司，但对于业务的方向却是逆向操作。《蓝海策略》一书当中的概念之一就是："创造没有竞争的市场空间！"虽然公司在北京，但我们主要业务却是放在二、三线城市。像我这样一间没有知名度的小公司，竟然能在创业一年后赚得第一桶大金，全额付款买下一间房子。接下来几年，我都能接到许多大型的活动案，包含关公出生地的山西省运城市，都能于 2013 年将关公本尊神像请到台湾边境巡游，这在当时是时间最长、动员人数最多的两岸大型宗教交流活动，都是我公司来担任总策划及一手承办的，而会产生这样成果的主要原因就是——创造没有竞争的市场空间。

　　在大陆一线城市中不仅要跟台湾的同行较量，还要极力建立人脉才能与大陆同行竞争，即使花再多的钱，认识再多人，但仍然就是缺乏那么一点点的关键优势！但到了二、三线城市情况完全改观，那里只有少数的台湾同行甚至没有，而这些大陆同行的竞争力不足，变成他们必须跟我合作共同开发经营两岸市场，这个时候你要人脉有人脉、要市场有市场、要什么有什么。我常常跟大家说："二、三线城市赚的人民币也是真金白银啊！"就这样，我现在的生意仍然还是以二、三线城市为主，虽然战线拉得长、拉得远，就当作是拓展视野，一边旅行一边做生意。这几年间我去过了无数的城市，体验了丰富的文化及景区特色，享受了丰盛的美食飨宴，纵使再辛苦也觉得值得。

就是这样的创业经验让我在拓展事业的同时也深刻体会到人生的意义。如前面的介绍，在我当兵后的第一个十年从事新闻记者的工作，第二个十年任职于台湾的行政机关，第三个十年到大陆来冲刺事业也拓展视野，当然第四个十年就是希望能细看这个世界，留下更多精彩给后代子孙。在此建议准备创业及正在创业的年轻人们，不见得一定要选择北京、上海、广州等这些一线城市作为创业的开端，引用毛泽东的从地方包围中央的战略思维，在大陆创业时可先在二、三线城市站稳脚步，这里创业成本低廉，有产业竞争空间，有市场宣传优势等等，更重要的是市场基数也是很大，等赚足了真金白银后再进军一线城市时，有人脉，有钱脉，也有更广大市场及消费者的认同感，这样就能稳占一线城市的重要位置。最后，一个成功的创业者应具有冒险精神，不要畏惧失败，成功是 99% 失败后的结果！在此与大家共勉之。

蓟门烟树下的岁月——和法大结缘

□张国圣

    我取得的最高学历是台湾大学法学博士,目前是《法界天平》法学杂志发行人兼主编,北京市涉台法律事务研究会特邀理事,江苏省法学会港澳台法律研究会特邀理事。当然,我也是中国政法大学民商经济法学院博士候选人,能够进入中国政法大学攻读第二个博士学位,是始料未及的因缘;而有幸能够成为江平教授的门生(我们弟子们都自称"江门"),更是这场法大情缘中最令人感到"美不胜收"的殊胜旅程。承蒙厦门大学台籍教授黄裕峯兄力邀撰写有关在法大学习经验,以供读者管窥中国的发展并为后人借鉴。在盛意感召下,想到近几年来数不清多少回旅次北京,蜗居蓟门桥西,徜徉小月河畔,漫步元大都城垣遗址,沐浴乾隆御笔燕京八景之蓟门烟树风雨,动见大陆法治风起云涌变幻,静观宝岛司法政治内在纠困，感于两岸人才、市场、发展愿景等率皆呈现此消彼长之势，一时之间，竟至难以下笔为文。盖前思后叹，虽深知大陆早已江河千里，且颇有盛世雄图再现之景，然经此深居往来内地，更感全社会奋进跃动超越外界想象；而几曾何时，台湾风情已难觅宏图壮志。在法大生活的风光、感触与收获均甚丰富，惟碍于篇幅所限，仅能择一要旨而谈，遂思以"江门"成员出发，略述这场法大的特殊情缘及所见所思，以供识者来往知鉴。

2012 年夏天，在林礼模律师的引荐及法大台湾研究中心主任吴琼恩教授的带领陪同下，在京郊丰台的宝隆温泉公寓中见到了向来为众人所景仰的江平教授。虽说是与江老师初次见面，但江老师在谈笑间所流露的专注、关怀与谦和之情，无不让人感到如沐春风，特别是那股雍然大器与胸怀天下的精神气场，既有无比的磁力，也像是一种感召，仿佛召唤着每个人心中对生命与真理热爱的本有。当时，我就向老师表达希望有机会能够进入法大民商院读博，一方面亲炙老师的学问、人格与风采，另一方面则借此机会了解大陆法制的发展情形。2012 年冬天，老师与北大贺卫方教授受邀访台并因此成为当时台湾地区领导人马英九首次公开会见的大陆法学家；当天晚上和老师在台北见面时，即向老师表达确定报考法大的事宜。

2013年4月，先到香港理工大学参加笔试初试。通过后，于6月到北京法大研究生院参加复试口试。还记得口试当日一早到法大寻觅考场时，问路于一位在校内行走的退休职工老太太，她在指路完毕后立刻回问："你打哪儿来？是报考谁的导师啊？"我如实以答，说是从台湾来要报考江平老师名下的。没想到她把我从头到脚上下都打量了一番，然后用很爽朗坚定的声音告诉我："恭喜你！你录取了！"然后转身就走人。我当时愣了几秒钟，然后追上去问："你怎么这么说？你何以知道？"她转身笑着并看着我说："我知道。我们校长最欣赏与喜欢你们台湾人了！"这是我第一次在他人眼中被拿来和老师做师生关系的评述，既惊喜也感到荣幸，就好像是法大这场美好人生旅途的开幕式。此后，我不仅如愿进了法大，有了一个可以在校园生活、学习与交往的正式身份，当然也名正言顺地成为"江门"的一员，得以参与师兄弟姐妹们间的各种互动。特别是作为"江门"的嫡传弟子，在注重师承的大陆法学界，一夕之间，辈分就抬高了许多，直令众人欣羡。

江老师在大陆的地位非常崇高，可以说是少数能够在非法学领域里也同时具有全国性影响力的法学家。作为一个今年已经 85 岁的"中国政法大学终身教授"，江老师还同时拥有许多的社会美誉。如"民商法泰斗"，这主要是推崇其在大陆民商法领域的发展上，曾经起过的奠基与推动的作用。又如"中国法学界的良心"，这主要是推崇其往往在历史转型时期，扮演着推动时代进步的关键性社会角色等。特别是他那句"只向真理低头"的名言，始终受人传唱与歌颂，引领着一代一代的后继者不断前行。再如"永远的校长"称号，始终是法大人的专用语，尽管老师仅仅于 1988 年 6 月至 1990 年 2 月间曾经担任过为期不过两年的法大校长职务，但其行事轨迹所树立的人格与风范，已经凝聚成为法大的精神象征，不仅如此，这个称号也推崇着老师经常提及的"法治天下"，进而成为法大的学术理想，让每一位法大人都共同认同这个价值而继续传承下去。

　　法大是大陆法律人才养成的重要基地，其校友在公检法及律师实务界素有重要的影响力，无论是在知识生产或是人才培养上，可以说都对大陆法治发展具有非常重要的影响。然而，在法大校园中生活、接洽公务或处理事务，很容易就可以发现往往与课堂或书本中所追求或教导的法治不相匹配，甚至于可以说，来自于生活实践过程中所感受到的秩序建构，往往更多的是来自于行政领导权威，或受制于行政惯性的主导，或受人情亲疏关系所支配。有时，即便是办事遇有法规等明文规范可以依循，但仔细一看，这些规范设计的思路本位与目的性的价值基础，往往也都是"由上而下"或"行政中心"的视野角度，欠缺以人为本的精神和思维。因此，如果遇有规范在实际执行上会给人带来不便或产生不合理的情形时，第一时间或者第一念头，执行者通常不会检讨规范本身在设计上所存在的不合理，或进而探求如何在其职权上寻找规范的改善之道，以求创造一个更合乎法治的善治环境。

于是乎，因应之道往往不出下列两者：第一种做法，或者继续照本宣科、照章办事，或者彻底漠视规范的不合理性，将这种因为规范的不合理所产生的成本转嫁给个人或社会来承担。这种保守的作为，往往就是制度钳制人性与民怨滋生的来源。第二种做法，或者在"实际执行"上以各种"创造性的想象"方式，来采取"变通之技"，一方面既可满足规范的形式要求，另一方面又可借此规避其不合理的限制，以求两全其美。这种方式属于执行者在执行职权上的一种"法外施恩"，其优点在于有弹性、能变通，也可以解决问题，但是其弊端就是很容易让"职权的行使"成为"寻租游戏"的创造空间。于是乎，愈不合理的规定就愈需要有高度的"变通之技"，当然也就愈需要各种"有利于"通往"变通之门"的"润滑剂"。

在法大研究生院，很能感受到各种法学思潮与新兴法律议题在校园内澎湃激荡，几乎每周校内都有各种国内外的学术演讲与讨论课题公开进行，讲厅人满为患与场面热烈万分之景不时可见。在法大期间，除了同门的师兄弟外，也结交与认识了不少极为优秀的法律人，从行政官员、检察官、法官到律师、学者、国企主管皆有法大人的身影，散布在全国各地。这些的互动经验和学习，不仅有助于快速掌握大陆法学思想的发展，也能够比较容易掌握大陆各地法制实务的运作状况与差异。

尽管大陆法治发展起步甚晚，然而，大陆确立"法律"作为一个维持社会稳定的秩序基础，应该已经是难以撼动的发展方向。综合而言，如果要借此机会对比一下两岸的法学发展特征，就整体来看，我有以下几点基本观察，可以作为结语：第一，由于台湾的法律体系已经比较成熟且稳固，因此，台湾的法律人主要着力在特定专业领域或法律技术上的钻研；而大陆正开始全方位地建构各种法律框架，使得大陆的法律人比较能够不受限于法学知识的分类界限，而勇于开拓各种新的议题与尝试。第二，台湾经贸市场规模不大，使得台湾法律人处理案件的经验累积较慢，特别是案件标的金额更难以和北上广深等大陆重要城市相比拟。第三，台湾的国际化的联结程度有限，使得国际法（不论公法或私法）领域的发展环境显然难以和大陆比拟。第四，由于大陆的法治建设往往牵动社会整体利益的变革，因而大陆的法律人一般而言要比台湾的法律人更为关注各种领域的法治发展。最后，我仅以法大人的身份说一句总体心得：欢迎您来和法大结缘！

北京大学台生会长的感谢

□黄彰国

2011 年，台湾开始承认大陆高校学历，转型台生陆续飞到大陆求学报到。第一天来到北大入学博士班，那种既高兴又好奇的心情还清晰如昨。没想到北京时间过得那么快，我们已经见证多届北大的新老台生交接变迁。

在这里我要非常真诚地感谢社会各界对我们的栽培，我也要感谢台湾岛内乡亲对我们的指教以及盼望，我更要感谢长期以来一起并肩作战的北大台生同学们对我的协助，给予我学习和成长机会。对于跨级别、跨院系、跨高校以及各省市朋友，我也衷心感谢在北京、在台生事务上给予我们的协助。

北大校内各大省份学生有自己老乡同学会组织。北京大学台湾经济文化交流协会就是北大唯一纯台生组织，主要由台湾同学组成，服务台生。我在学期间曾经担任北京大学台

台生说 | 273

湾经济文化交流协会会长一职，任内提案牵头推动了台生青年活动、接待交流、旅游参访、地域性社团联谊、赴台交流、学术论坛以及组织动员等重大活动，为北大台生提供更多资源选择。

过去这几年我的生活重心在北京大学，生活上的点点滴滴也在北京发生。我也因为亲身投入服务，了解在京台生更多遭遇的现实问题，知道有一些不友善的事情发生。海峡两岸青年交流的道路是曲折的，只要走对路前途就是光明的。

离开台湾来到北京求学，是因为想要有更好的发展。北京大学台湾校友会前辈先进、在校台生同学们给我机会，跟大家一起努力奋斗，虽然服务工作劳心劳力，关系情势复杂不同于在岛内，但是我的内心是非常快乐的，为台生服务，也是一种乡情服务，从学业、就业到创业的两地青年合作出头天，也一路见证未名湖、博雅塔下的北京爱情故事。

所以，离开台湾来到大陆求学对我来讲，是一个荣誉，我也非常珍惜这一个机会，有这样的选择是很难得的机缘，离开台湾到现在，始终关注着台海局势，期待两岸关系持续发展。秉持台湾爱拼才会赢精神，相信未来，相信青年，更要相信台生自己所代表的价值，持续努力致力推动青年的进步与创新。

过去我也曾经为了继续落实理想，婉拒了先在台湾稳定工作的机会，大陆的进步关系着未来各地青年发展以及两千三百万台湾人民的福祉。台湾青年希望能够借由亚洲区域力量，让宝岛能够重新找回过去的光荣。

很荣幸能够受到北大台生们的托付，我希望未来勇敢的两岸青年可以看见希望，实现工作理想，获得幸福人生。所以我对大家表示感谢之外，也请大家继续给台生们支持、给台生勉励，相信台生一定会有所作为。

祝福大家身体健康、学业进步。

但愿人长久，两岸共婵娟

□陈建仲

经常有台湾朋友问我，为何敢在 1997 年只身跑到北京大学报考公费博士？将近廿年过去了，现在会不会后悔当年的决定？

对一个在"戒严"体制教育下成长的所谓台湾人，我在学生时代即参与学运、办过政论杂志、参与反对运动；退伍后在"独派"报社从记者当到主管，曾是该报政治新闻组的台柱，30 岁出头就担任《台湾日报》社长特助，却在 1997 年于惊讶声中，辞职攻读北大国际政治学博士，为什么？

实在没办法将廿年来的个人经历，三言两语交代清楚，但正因为可能是第一个走进北大的公费台生博士，也因为曾服务政府及政党的职务，也曾应邀赴美国华府布鲁金斯研究院东北亚研究中心访问院，之后，组建与担任台湾大陆地区高校学生协会理事长，自觉有责任为后来的台生学弟妹们说几句。

1991 年 11 月笔者因采访海基会有幸成为较早一批获大陆官方批准访问大陆的媒体人之一，也参与见证海峡两会历史性的汪辜会谈。1992 年中共十四大期间，十四大报告中让台湾记者团感到吃惊的不是对台问题的谈话，而是中共对贪渎腐败问题赤裸裸的批判。曾经采访过国民党全代会的记者们笑着说："国民党就是政治报告找不到一个脏字，才会被共产党打到台湾。"会后，笔者和一些同业照例到秀水街血拼，经过东交民巷时，一排排大使旗迎风飘扬。到西单路过曾经是北大校区的红楼，学生时代曾经陪伴自己度过无数个星夜的五四英雄豪杰们的名字，又在脑海中一一浮现，早已被遗忘的西化论、中体西用论、新儒学、保皇党、制宪派、戊戌六君子……又在记忆中复苏。当时对大陆的印象一方面如面对历史教科书般熟悉，另一方面，面对陌生的街道、沉默的人群又如身处异邦，不由得想念台湾种种的美好。

此后每年都有机会参访大陆，听过浦东特区开发的简报——站在还没完工的浦东大桥上合过影。如今回想起来，仍然恍如昨日，谁能料到当初被李登辉称海填地会沉下去的浦东，如今会成为上海的模范区？1996年中国准备迎接香港回归之时，在福建莆田看着近万辆单车从工厂朝你冲来时，我深深感受到一个新中国即将诞生；于是毅然辞去工作，到北京学习。

未到北大前，对大陆的观点仍是台湾式的或者更明白些是西方式的，在北大近四年的求学生活中，逐渐理解了一些大陆人的想法。第一次和同学一起挤在黑暗的体育会馆中偷看一部三块钱的院线片，北大人边看《空军一号》的特效，边对片中的英雄哈里逊福特喝倒彩；北大百年校庆时，校园洋溢着北大人要扛着中国复兴大旗的狂热；中国申奥成功时，学生们从海淀骑两小时自行车到天安门去，就为在广场前大叫一声。在北大三角地，目睹了学生在同一地点纪念中国驻南斯拉夫大使馆被炸事件的受害者；在其他台湾学生选择回避时，我选择和北大同学一起游行抗议、在未名湖畔一起拿着酒瓶仰天长啸……当我学会用大陆人的眼光看待中国事务时，出现与过去完全不同的视野；相对于整个民族的贫穷与苦难，个人问题如同在几千部单车中要找一个人一般，很容易被稀释了，而且这种稀释带有个人为顾全大局而必须做出牺牲的苍凉与悲壮。因而外界看不懂中国何以能如此快速地崛起、强盛，很简单：中国人太优秀了，而且中国人能忍，能吃别人不能吃的苦，就为民族复兴、为下一代！

确实，自 2000 年获得北大博士学位返台后，在学位不被承认下，连工作都难找，但正是从 1991 年底开始踏上大陆后，这一路来对中国大陆的理解、观察，成为个人终身的志业。虽然不论服务于政党还是政府，北大学历带来更多的是负担而不是助力，但随着中国崛起，个人的资讯库也跟着丰富起来。如今，之所以能在台湾的各主要媒体、刊物撰写专栏评论，能更清楚地看清台湾所处的环境和国际情势未来的走向，都得归功于当年勇敢踏出的这一步。

现在，我们不但在写自己的阅历，也正参与并见证着中国的崛起，应当纪念并效法台湾先烈先贤们勇于负笈唐山的精神，学习他们的风骨气节，尤其必须让台湾的新世代清楚明白，台湾和中国大陆命运是不可分割的。台湾先贤不惜以生命来捍卫民族自尊，不惜捐献全部家业也要确保中华文化在台湾传承，全体台生就是新的血轮，我们要写我们自己投入再造民族复兴行列的历史；哪怕是个人微小的力量，汇集起来，就是中华民族复兴最大的保障。

为了台湾民众长期的福祉，我们必须积极导正台湾岛内"台独"人士刻意散布的错误史观，促进他们正确认识现代的中国，化解不必要的敌意，营造两岸的和平交流，共创光明的前景。当前两岸关系的发展虽然出现困难，但在此历史关键的节点上，台生们肩负传承台湾前辈精神的使命，现在就是机会，而且机会就掌握在年轻一代台生们的手中。

虽然如今蔡英文上台、民进党执政，要推动两岸学生的交流更加困难；但在大陆的台生群是促进两岸高校学生交流和两岸和平发展的一股重要力量。希望在大陆的台生们能与大陆高校或者研究机构相结合，回到台湾后也能产生影响力。台生是两岸切不断的新脐带，是两岸交流的新助力，让我们共同努力，担当起促进两岸交流的使命！

北京日记：我与 SARS

□许璨文

　　SARS，严重急性呼吸道症候群（Severe Acute Respiratory Syndrome)，大陆称为"非典型性肺炎"，简称"非典"。2002 年 12 月在广东首发，2003 年 2 月香港疫情大爆发，2003 年 1 月回台湾过年的时候，台湾只有骚动，尚未产生恐慌。

　　我在当年的 2 月 9 日（周日）按原计划从台北飞香港，再转机到北京。

　　2 月 13 日，按经院和导师的培养计划选课：中国经济史专题研究、中国经济思想史、高级微观经济学、高级宏观经济学、研究生英语。

　　2 月 17 日，经院研究生教研室盖注册章，在北京看电视还感觉不到非典所造成的紧张气氛，3 月 15 日（周六）按规定到校医院接种出血热疫苗第一剂，3 月 29 日（周六）第二剂，

台生说 | 281

此时学校一切运作正常。但有些比较敏感的同学已经开始买白醋消毒和喝板蓝根了。

4月1日，中国经济史专题研究课程，我做了家族与小农经济的口头报告并缴交发言稿。4月正巧是我的生日月，在向阳屯吃东北菜、看老红军电影，经院同学们为了我还特别请厨房做了一道寓意长寿的面线，又在郭林家常菜餐厅吃季诺餐厅的黑珍珠蛋糕，收到室友和宿舍同学的红包，此时特别开心，暂时忘记北京城已经山雨欲来风满楼，路上行人皆口罩。

4月15日，导师在红辣子餐厅宴请中国经济史研究专题上课的同学，大家一起合影。4月16日（周三），因经院有一位老师得了非典，所以宣布停课直到5月4日，早上的中国经济思想史也马上停课，全体老师进行体检。应同学的要求，同时在BBS未名站站务的努力之下，经院临时课程版及时开版，任课教师与同学可以随时进行在线交流与课业布置，停课不停学。

4月17日，早上英文课，此时校内已经有自主管理互相通报的风气，内心真是天人交战，同时闪过好几个念头，希望非典别影响我的英文学习和考试，又担心去上课会吓跑其他同学，作为一个菜英文等级的学生，又想干脆停课到不用考试，改为写报告也能及格的方式。

4月18-19日大型活动校庆运动会推迟，校园内有人咳嗽，肯定得到许多关爱的眼神，行人纷纷让道，食堂不再拥挤，大家似乎更倾向打饭菜回宿舍吃，校园与宿舍的门禁也更严格了，各种传闻耳语不断。4月20日（周日），新闻报道卫生部部长和北京市市长被免职，北京疫情已经十分严重，采取一日一报公开信息的方式避免群众恐慌。

4月22日（周二），北京防治非典工作联席会议专家建议，如果医院不够用，可以考虑征用疗养院，比如条件比较好的小汤山疗养院。

4月24日（周四），远在千里之外的台北市立和平医院也沦陷了，因为爆发大规模 SARS 群聚感染，无预警封院，让医护人员措手不及。当时我尚未得知此讯息，在宿舍闷着也烦心，决定出门走走，与历史系的室友一起去住校外的历史系学姊家吃饭，看电影《花样年华》，再喝上冰滴咖啡，在风声鹤唳的北京城，似乎已经变成是一种喘一口气的滋润了。

4月27日，导师来电关心，向他报告了台北的情况，和平医院已经沦为疫区，此时搭机返台（密闭空间）也是高风险，一动不如一静。

4月30日，勺园宿舍的经理给各位同学送来了一封慰问信和一朵红玫瑰，从此宿舍洗手间有了洗手液，每天有阿姨用消毒水来拖地擦门把打扫卫生。因前段时间有同学跑回老家躲非典，现在情势缓和又回到校内，为了避免同学违反隔离办法，宿舍的门锁全部换掉，学校宿舍反而成为最安全的地方。

5月1日，救护车从小汤山非典医院开出，刺耳的叫声划破长空，随着信息透明化，大家自主隔离，非典似乎得到控制，不再那么可怕了。

5月6日（周二），经院恢复上课，早上是中国经济史专题研究，下午是高级微观经济学。5月8日（周四），早上英文课，中午与勺园宿舍的楼友到向阳屯打牙祭。5月15日（周四），早上英文课，课后赶紧到万圣书店，拿等了一个月才收到的生日礼物：马寅初全集共15卷。5月24日（周六），下午骑脚踏车畅游未名湖，颇有千山我独行，万径人踪灭之感慨！

5月29日（周四），早上英文课给自己放假了，下午赶紧和勺园宿舍的楼友去办理北大在学证明。6月1日（周日），搞环境卫生，清洗床单被套枕套窗帘等。6月8日（周日），下午在宿舍连看二场瑞士女排精英赛,俄3vs美2,中3vs巴西1,陈忠和冯坤的组合太精彩了!

6月20日,参加高级宏观经济学期末考试,新闻报道最后一批18名非典患者康复出院,此时距离小汤山非典医院正式接治非典病人只有50天。

6月23日,参加高级微观经济学期末考试,小汤山医院首批900名医疗队员从北京撤离。6月24日,世界卫生组织在日内瓦总部宣布,北京从非典疫区名单中删除。

日后每逢有人问我北京沙尘暴严重吗?

我一律回答没遇过沙尘暴,只遇过SARS!

如果我没到北京

□吴相慈

　　高中毕业时，我为自己做了一个选择：我要到北京读中医。那时我住进学校宿舍，觉得自己过着"贫苦"的生活：学校餐厅的食物太油太咸，我都吃很多饭配一点点菜；在澡堂洗澡没有隔间，视力好一点就可以直接练习人体体表骨骼定位了；图书馆跟教室破破烂烂的，没有冷气热得受不了。一连串的迹象都更让我知道，北京果然跟我想象的一样，是一个开发中的城市，还是台湾好呀！回台湾，跟亲朋好友聊天，聊我在北京的生活，大家一起感叹能够在台湾真是太幸福了。

　　当我终于把想家的心收起来，我才真正睁开我的眼睛，看到为什么很多人会说中国崛起了。学校的同学们非常认真，不只是在学校看书，更有大把大把的学生出学校去跟诊，去学习如何当好一个中医。不只是我们北中医，其他学校的学生也是，很积极投入他们未来可能要做的工作当实习生。当我回到台湾，也有如此认真的人，但让我心中一凉的是，更多是不知道自己要做什么而仍然很迷茫的学生。

我不觉得台湾比不上人家，但我感受到很多台湾人以台湾为傲，看不起别人的努力。我知道他们的努力，也看到他们的进步，他们真的很厉害。

上大学之后，我期待我自己可以成为一个优秀的中医师，有时也迷茫，但身边努力的同学激励我，学长姐的建议鼓励我。来到北京之后，我开始思考，有了目标，我的手中仿佛有一张地图。如今，虽然还没走到，但可以确定我已经在朝着自己期待的目标前进。

那些我们台生被问过的问题

□刘孟禹

身在大陆，有些问题我们都曾经被提问过——最终你发现答案和追求答案的过程都是重要的部分。

和大陆有接触的同学，与大陆有经贸往来的工作者，也许都曾经面临过和我一样的情境。面对这些情境，个人的思考观点微不足道，但这些问题的探索对我而言本身就是重要的过程，理解这些问题后，思考到大陆发展会更有根据与方向，也不至于做了规划后有更多迷惘。

台湾认同问题：自从"太阳花学运"后，来自不同的背景的我们，下意识地做出了回应，而这些认同取决于我们的史观认知。你的认同是什么？

毕业后选择职业时：在学生生活过程中，我们被培养要往自己的兴趣发展，却没有被教导如何靠这份兴趣过上好的生活。你得以被大多企业所用的才能，你希望那是什么？

文科生跨专业与产业脱节的22K：台湾的低薪环境、台商在陆的数量之多，使大陆的就业市场看起来更为广阔，具备更加弹性的职涯发展空间。你可以提前做什么？

精英汇聚与狼性问题：精英的定义我没有钻研，但懂得掌握资源利用资源的人姑且称之，如果台湾以一个经济体来说，没有心力或没有动力在国际上争取更多的全球资源，有狼性的人才自然外移。这是一种氛围，没有狼性与没有适合狼生存的环境两者皆是因也是果。这样的环境你会怎么选择？

比较两地发展：在经济上取得如此巨大的成果，一直是大陆的骄傲，台湾与大陆直接面对了一种对生活与财富追求的对比等等。你对这些对比了解多少？

价值观：在政治因素下，你究竟选择怎么去回应价值观念的不同？

以上问题之于我的研究生生活有重大的关联。相较台湾而言，社会科学探讨的氛围这里浓厚许多，毕竟是身在北京，身在北大，政治是在这里生活的人的一部分，多少日子我都在涉及国家、社会、文化的谈话议题中度过。去尝试回答好上述问题对我个人的学术与知识水准有一定的锻炼，问一个好的问题前期需要做很多的功课，也需要"经历"。就学习国际政治经济学这门学科而言，北大，有着极为特殊的环境条件，可以满足一个爱好问社会科学问题的人。

你为什么去大陆读书？

□陈炯宇

我的爸妈都是地地道道的台南本省人，和大多数台湾年轻人一样，我一路在台湾成长、上学，生命迄今为止的 24 年里，前面三分之二的时间里都没接触过大陆人。有记忆以来，总觉得彼岸的世界既熟悉又陌生。因为政治斗争的缘故，台湾和大陆的关系被教育模糊处理。我们学习中国大陆的语文、历史、地理，但从不探讨自己与这些知识的连结。课本上学习到的内容除了应付考试，大概就是模糊地存在自己的历史记忆里，告诉我"你是谁"。既然内容模糊，"我是谁"自然也不清楚了。在世新认识陆生后，对两岸关系产生兴趣，并决定前往大陆留学。

和大陆人聊台湾问题，是什么样的体验？ 我虽然决定不以两岸问题为研究方向，但它还是我的兴趣。在任何一门课程中，大陆老师和同学们总会对台湾给予额外的关注，所以有很多讨论台湾问题的机会，日常生活中也有很多两岸交流的活动。一年级下学期，我参加了由海峡两岸青年事务协会举办的活动，在中国国民党革命委员会和全国台湾研究会等单位主办的沙龙上发言。另外，我还前往天津参加两天一夜的创业创新营，参观天津自由贸易区，和当地台办人员面对面接触、表达想法，体会天津的城市风情等。

我来报恩了！在大陆读书，到处走走看看，是一件非常重要的事！毕竟难得有这么好的机会，可以走遍中国各地。而且，看看我的老朋友们，也是来大陆读书的初衷。许多交换生回大陆后，就没有再来过台湾，我和他们没再见面的时间，多是以"年"计算的。来大陆读书后，我开始趁假期出外游玩，游玩的地点，自然就是我朋友的家乡啦。目前已经在西安、厦门、杭州等地，见过我的陆生朋友们。上次，你来认识我的家，这次，换我来认识你的家！

大家总觉得大陆同学勤奋又认真，你遇到的情况是什么？
课堂上，有不少机会可以和大陆同学一起做报告。我的大陆同学们都有一个特色——对于报告的逻辑推理要求非常严格。不论是口头或者书面，他们都不允许有任何逻辑解释不通顺。

有个常见的情形，他们在用 PPT 报告的同时，旁边会开一个 word 档；或是拿一个手稿，虽然不一定照着念，但逻辑一定是紧密连贯的。相较之下，台湾学生的报告，就不会严格要求逻辑的连贯性，多是重点式和跳跃式的表达。

看事情的观点开始和台湾本地人不同。记得不少老师留学美国后，口音都和台湾本地人不太一样，也有老师回台湾后，发现有 cultural shock。对我来说，这是一件幸福的事，因为这代表自己成长了。讨论两岸问题并不简单，因为这不是单纯地"讨论问题"，同时还涉及"身份的政治正确"。但我想，就像研究方法课堂上老师所述，北大人的精神，就是"反叛"，不畏权威地提出和主流观点不同的论述。虽然可能大家不会认同你，但数年甚至数十年后，当你的观点成为主流，大家就会说，你是观点的提出人。

真的是"读书"而已吗？在台湾，留学的动机有很多，但主要还是目的取向——希望凭自己取得的学历回台后可以找到更好的工作，或是在国外找到更好的工作。留学从来只被"有没有用"进行评判，所以只有学历价值、留学地的文化备受重视，留学生的感受较少被讨论。但对于留学生而言，在留学当地有没有人际依靠、和当地文化的融合与冲突、学习顺利与否，才是最真实的议题。

　　看完大陆，我还想看全世界，所以……我想完成自己当空服员的梦想。

在清华，创业是本能

我是台南人，1992 年生，成功大学中文系毕业后至台南第二高级中学担任国文科实习教师，并取得教师资格证。我相信林怀民所说的："年轻时的流浪是一生的养分。" 我从不梦想安逸，就算前方黄沙滚滚。所以，我来到大陆。

说起大陆，很多同学心目中都有对大陆的一幅素描图，想象它是落后的、脏乱的、没有秩序的，如果问想要出去读书的人你要去哪里，百分之八十的人都不会回答大陆。诚实地说，我一开始也并没有规划来大陆，但是后来，在申请学校的时间紧迫，手边既没有语言证明也没有钱的时候，去哪里读书变成了一个很务实的问题。清华不仅名声好，且它学费、住宿费都很便宜，每一个月学校都还会发生活费给所有学生，因此挣扎的最后还是来到清华。

初来北京的七月很幸运地没有雾霾，绵绵细雨让酷热的七月舒适宜人，走在清华这偌大的校园里，我感受了一连串的震撼。北京，一个国际级的大都市，让我从一下飞机就成了逛大观园的刘姥姥。这里人人使用微信，只要手机里有了微信，出门不带钱包也没关系。从出门叫出租车到商店消费，微信钱包都能支付。如果你是个不出门的人，微信也可以包办你上网买各式各样的东西，或是你的三餐外卖。这就是领先台湾的线上支付系统，新的消费模式正在成形，消息灵通的各路电商都在互联网卡位，而这时的台湾才刚刚起步。

　　我尚不习惯微信支付，担心微信里绑银行卡会有被盗刷的风险，然而身边同学都在使用，加之生活上的方便，我最后还是使用了微信钱包。有了钱包后还有一个特别的好处，就是在手机上收发"红包"！平时过年过节，或有特殊活动时，老师同学就会在微信群里发红包，抢到的红包钱会直接存在微信钱包里；或者平时吃饭要平分饭钱，也可以从手机上发红包给付钱的人，十分方便！每当我分享这类资讯给台湾的同学听后，无不啧啧称奇。微信还能线上充值交通卡、通话费等。至于安全问题，也有办法解决。iPhone 手机支付微信钱包时，需要指纹认证。因此总有人开玩笑说，如果哪一天手机被偷了，就要小心手指也被偷走，说不定丹·布朗小说中，眼球认证系统导致有人眼球被挖走的高科技案件会如实上演。

新生活模式的冲击，往往会让人产生新的想法，就像教育学中"基模"（schema）不断适应、改变一样，有利于年轻人的视野。在这里我看到前卫的技术，我也会想到台湾，如果出来的人多了，大家有了不一样的视野，并把这些新思考带回台湾的话，我相信台湾会更好，我希望是一种"refresh"的感觉。也许早在二三十年前，大陆的工业化、科技发展不如台湾，但是台湾在长期闭塞状态下产业转型未果，在近十年间，北、上、广等一线城市早已把台北甩得远远的。以前电影中主人公拿把新开封就坏掉的伞嘲笑是"Made in China"或者认为大陆就是山寨东西多，现在人家摆脱了这些束缚，开始重视品牌化、创新科技、人才培养，现在的大陆是一个"数字大陆"，你能想象吗？

大陆搜集大量的数据，运用这些数据做各项分析，未来大数据还能被运用于预测人类活动、制作抗体疫苗等，听起来很玄，但是这是已经在发生的事实，而我们仍沉溺于咖啡厅的"小确幸"之中。据郭台铭的说法，当一个国家地区的年轻人都争相在开咖啡厅，就可以算没有前途了，很多人批评他的"岛国理论",然而出来之后,我发现这是真的。

　　在清华,这里很多年轻人想创业,他们不想开咖啡厅,而是做了很多与众不同的颠覆性创新,在这里需要不断的头脑风暴才不会被别人超越。曾经,我有个大陆的朋友找我创业,他要做的是"无人机驾训班",因为今年一月开始立法,驾驶无人机需要驾照,而他要做的是将无人机运用在快递、新闻拍摄、电影拍摄、农业等各方面。他一个人就联系好大陆最大的无人机生产公司提供机器,他负责培训内容,找好北京最近的合法试飞场地,并把整份商业企划书投递到清华的创业平台"x-lab"找寻天使投资人,然未果,因为竞争的团队太多、太激烈。不过如果你有优秀的创意机会还是很丰富的,创立不满 4 年的 x-lab 在刚刚创立两年的时候,就有三十多个学生团队获得融资,总金额超过 1.5 亿元,在 x-lab 里进驻的有建设银行、法国电力、IBM 等国内外知名企业,平时也邀请彼得·蒂尔 (Peter Thiel) 等全球知名企业家作为讲师开设创业课程。此外,我也曾和美术学院的学生参加了一个为期一周的创业计划,开设私人订制首饰的工作坊,由美国帕森斯设计学院院长 Simon Collins 亲自指导并给予意见,中国的一间高校竟是如此培养人才的,这种规模还能说中国闭塞不前吗?

真正学霸不是你想的书呆子，他们对未来的规划已是十年之外。

踏上大陆这片土地

□ 陈曦

　　有的时候，走过一段人生路后，我们回首点点滴滴，感觉或清晰或模糊，为了不让往事随风而去，我们会与人分享自己路上的足迹。现在我在复旦大学新闻学院读研，即将毕业进入互联网行业，平凡又小而无名的我，却经历过台湾大多数孩子不可想象的中学生活，但也和大多数人一样不断努力，为了生活，也为了周围所爱的人。

　　当初选择来大陆求学的原因很简单——父亲在大陆工作。首先需要普及一个观点，虽然来大陆的台湾商务人员都统称为台商，但台商里面也有作为职员而外派过来的，阶级有高有低，不是所有的台籍人士都生活优越。回归正题，从小父母就两岸分离，从我刚出生不久直至中学是菲台两域，后来父亲被调到大陆，因此母亲才会选择在我中学时前来大陆"团聚"，毕竟"家"的时光，父亲错失了太多。我很爱父亲，但爱得不深刻，直至高中时母亲因病去世（伤感事不想再提及）。现在，父亲回台湾生活已经第四年了，我和妹妹依旧留在大陆发展，然而心里永远都明白，根还在那里——亲爱的高雄。

初来乍到时是在我初三那年，用懵懂无知的眼光看待这民风淳厚又落后的地方。也许，在许多台湾人眼里，大陆是个刀山剑林的险恶之地，然而，大陆乡下的学校，一切是那么淳朴节俭，大家都在为了中考（考高中）做准备。

吓人的"政治"课

来到大陆，不免被政治议题所围绕。第一次政治课结束后，老师邀请我第一节晚修到办公室聊聊。推开门的刹那，一圈的椅子入了我的眼帘，原本还窃喜晚自修可以少上一节课的心马上笼罩不祥的阴影，果不其然，一个个排队进屋的政治"课代表"（小老师），拿着笔和本子像走秀一样入场入座。最后，我被老师拉到中间，以站着的姿态完成人生第一次"访谈"：

"你是'台独'吗？"

"你们台湾人都支持'台独'吗？"

"台湾人是怎么样的？"

"我喜欢台湾偶像剧，说话好好听啊，你们说话都这样的吗？"

……

依稀记得所有关于政治议题的回答不外乎是"不知道""不清楚"，而问到偶像剧吃喝玩和描述台湾的学生时，虽然不记得当时具体胡说海说了什么，却清楚记得各个小眼神光亮亮地闪烁着。

现在回想起来，已经分不清他们的眼神中夹带着什么情绪了，是期待、羡慕，还是感慨、失落和无奈？

意想不到的感动

大陆的中学会要求学生住宿（有些小学甚至幼稚园也会要求住宿），并有晚自习（晚上七点至 10 点）。宿舍以 12-18 为单位，如部队的铁床和木板的上下铺，铺上一层草席，夜晚挂蚊帐还可能有青蛙或手掌般大的蜘蛛；纪律包括像当兵的一样的豆腐块被子，漱口杯和牙膏牙刷的摆放角度多个规矩；生活如军人要自己打热水洗澡、用手洗衣服；等等。所有一切，冬夏如一。

班上有 60 人左右，每个人桌上、抽屉、椅子底下都堆满了书，能写字的空间很小。从早上 7 点开始早读至中午放学，下午两点半上课至五点半，晚上七点回来晚自习至十点，整整 11 个小时（除了体育课外）都必须待在教室。

　　然而，下面我想和大家再分享些在台湾这个年龄段的学生很难想象的求学现象——勤奋、心酸、泪水、感动。

　　先说说勤奋。当我还在休息的时候，就有不少同学凌晨五点多起床，在校园找个角落开始背书、朗读英文，六点就到教室做题 (练习册等)，中午放学后至下午开始上课之间有两个半小时的吃饭休息时间，但是他们吃完饭马上又赶回教室自习，下午五点半放学后有些去跑步吃饭，六点刚过又回到教室读书做题，十点晚自习一结束冲回去洗澡 (洗冷水哦，冬天十度以下也是如此) 洗衣服，十点半熄灯后在被窝里拿着小手电筒继续奋斗，就这样日日夜夜重复着。

　　再说说心酸和泪水。大陆没有月考，只有期中和期末，由于大多数来自农村，而一个村里能读到好中学的或说家里有条件给付的不多。依稀记得某个夏天，我的下铺 (现在成了闺蜜) 考试考砸了，边哭边说："村里的长辈昨天在我要去车站时特意塞了 5 块钱叫我吃好，压力很大……"我听了虽然无法完全体会，心里却沉重莫名。后来我渐渐懂了，十几岁的孩子的日夜辛劳，她当时的泣不成声，不是仅有对自己的交代，也许是为了维护父母的颜面，也许更多的是背负着全村的期许。

最后来分享个令人感动的故事——我的生日礼物。另一个好闺蜜也是我的高中同学，也是农村长大，吃饭时不舍得给自己多加一个菜（加一道菜五毛钱人民币=2元新台币）的孩子，叫蔓时。永远记得16岁生日那天的早上，在离七点早读仅有二十分钟时惊醒的那一刹那，发现有张小纸条、一个水煮鸡蛋和一小瓶酸奶放在我的枕头边，纸条上写着："我知道今天是你的生日，没有什么好送给你的，鸡蛋和酸奶请你不要嫌弃，生日快乐，友谊长存——蔓时。"她，教会了我人情中重要的一课——没有一份礼物比心意更为贵重。

我的大陆体验成长型人生

□庄惠婷

　　我是个土生土长的台北小孩，朋友们都叫我"装呆"，我不反对你们把我归类为"天龙人"，因为在我还未踏出台北来到北京之前，我的确是在舒适圈中长大。在淡江大学四年的学生生涯中，我跟大多数大学生一样，常常穿着夹脚拖进教室，吃着鲔鱼蛋饼的早餐，享受"早八"老师的摧残，期中、期末挑灯夜读，有一份固定的兼职，参加系上的排球队热血四年，一直以为我的人生也会如此平静地发展下去，直到2013年大四上学期结束，拍完毕业照的那一刻，忽然，我犹豫了，开始怀疑，这是我要的人生吗？2013年9月我一个人提着大包小包的行囊踏上了大陆求学的未知旅程。为什么是中国大陆？为什么选择北京？为什么会出现在北大校园里？好多好多的为什么，在我即将结束第三年硕士生涯，正在写这篇文章时，我重新问了一遍自己，答案逐渐明朗。同时要跟 13 亿人口竞争，让我有机会体验真正的成长型人生。

报到。报到第一天，说场面人山人海绝不夸张，北大东门入口处的每一个摊位上，每个院系的师兄师姐们正跟每一个新生详细地介绍校园地理位置、课程说明、社团活动招新，当我顺利跑完注册程序，领了校园卡、洗澡卡、电话卡、银行卡、宿舍钥匙后，已经是晚上八九点了，跟着阿孙到面食部吃了第一顿俗又大碗却很难吃的晚餐后，匆匆回到宿舍，要在十点半断水以前洗好澡，十二点断电以前就寝完毕。没错，上述生活就是我这三年的标准生活模式，当然偶尔会有特殊情况发生，不按章程安排来个意外惊喜。三年里，我也深刻体会到两岸人民的关系可以如此祥和，望着同一片星空，谈论着各自对未来的人生期望。

专业课程。我选择北大的人口研究所经济学位攻读，选择此专业就读，是因为我一直都想从人口的角度去探讨市场需求进行市场分析，刚好人口研究所主要研究内容即为大陆老龄化政策下的机遇与冲击，比起台湾两千三百万人口，中国大陆的 13 亿人口非常具有研究价值。印象最深刻的课即为高级宏观经济学与高级微观经济学，它们是我求学生涯经历过最痛苦的两门课，一百多位同学的大班级，老师们在台上讲着当今中国经济正面临的课题，坐在底下的同学们专注地聆听。我无法形容课程内容到底有多困难，其他同学在考研的过程中已经准备过相关内容，因此学习起来不成问题，但对于台湾的孩子来说，完完全全输了，因此要花比别人更多的时间更大的努力完成课题。刚开学的时候真的很不习惯我的室友每天六点起床去学校食堂吃早餐，接着上自习，然后晚上十点从图书馆回来后继续接着练习，他们真的很认真，因此，刚开学时凸显出我多么不能融入这个校园群体，所以我常常拿台湾学生如何懂得享受生活，活得有弹性且有意义来安慰自己，直到有一次，我跟彭彭在吃饱饭后于博雅塔未名湖边散步时，跟她聊到竞争力这个话题，她告诉我她也想要享受生活，也想要让自己的人生更有意义，只是大部分时候因为现实无奈，所以无法自由地去做她想做的事，但是野心是成功背后更好的推手，而且享受生活跟努力生活并不相冲突，反而可以并进，有时候只是先后顺序的问题。刹那间我想通了，我来到这边不就是为了得到更好的训练，离开舒适圈体验更多的人生，我应该要尝试着融入大家，吸取好的经验帮助我成长，这才有意义，因此我求学的心态大大调整，重新适应到处充满竞争的环境。在此，我也要鼓励学弟妹们，不要害怕接受任何挑战，也不要轻易放弃、自我催眠。过去的三年我很努力地生活很努力地让自己成长，成了个会玩又会读书的台湾小孩。

实习人生。两次很有意义的实习让我瞬间经验值爆表，其中一次在外商公司，奥美互动咨询有限公司 Marketing 部门做数据分析并写报告，另一次在大陆陆资企业蓝色光标做 PR 助理。很感谢奥美的老板 Linda 的信任，完全放手让我独力完成一整个数据分析和撰写报告。老实说在那里实习的那段期间，是专业技能进步最快的时候，我并非一进去就拥有这些能力，很现实的一点，你不会这些技能很快就会被淘汰，后面有一打的同学正在排队等着取代你这个实习位置，所以每天都很充实，不过好在是在外商公司，团队气氛以及个人独立作业使得整个实习期间非常欢乐，虽然辛苦但却交到一群同为未来打拼的好朋友们。期间发生了一件让我很受挫的事，我大概在那个当下体悟出，机会不仅是留给准备好的人，更是留给那些主动争取来的人，同样都是分析助理的我和丁丁，我们对于未来都希望可以留用转正，但老板一开始不敢给我们保证，不过丁丁不想就这么放弃，于是在某次开完会议后他主动提出新的想法，单独跟我们的老板进行面谈。事后我从他那里得知，老板对于这样的想法非常感兴趣，也刚好公司当时正在为了相关业务进行深入了解，因此他获得老板的赏识并向上举荐给部门老大，同时帮他主动争取每一次参与该项目开会内容。整体来说我非常佩服丁丁的主动与勇气，我虽然不至于被动，但却非常不主动，我安分守己，完成老板交代我完成的所有任务，并努力做到最好，但在老板眼里，我跟丁丁最大的不同在于，不够积极不够努力，也许我很认份可以完成老板交代的所有事情，但我并未替公司创造更大价值。在大陆不只是在学校如此，在职场，有成千上万像丁丁一样的人主动争取机会，这样的挫折又再度让我成长，揭开了对大陆的竞争力的另一层面纱。另一段实习经验是在蓝色光标，陆资企业，陆资企业的文化更是让我大大地不适应，记得带我的老大瑞瑞常常在我耳边大喊："公关公司分秒必争，不容许你出任何一点差错，就算你只是实习生也要把自己当正职使用，不要拿当学生时候的态度来应付我。"

　　踏出舒适圈就是为了打拼一个不一样的未来，所以我决定在毕业后留在大陆继续发展，期望未来可以变得更好，共勉之。

我的北京故事

□蔡亦欣

　　我与北京清华大学的结缘，完全是一场巧遇。在我们念书的时代，除非家里有台商背景，几乎没有人知道有什么管道可以到大陆念大学，直到高一那年，第一次听说了刚刚开放的用学测成绩申请面试，妈妈鼓励我到大陆求学也不失为一种选择，但我们并没有作什么特殊的准备。学测考完以后，我已经考上台大，虽然本来希望能再报考北大，但是当年还是高中生的我，对于离开成长多年的台湾，孑然一身地到大陆求学还是有点抗拒，于是在拖延和考虑之中就错过了北大的报名时间。后来得知北京清华举办了为期五天的面试体验营，只要通过第一阶段的筛选，就可以到北京一游，在此因缘际会下我向北京清华递出了申请，也幸运地获邀参与校园参访，以及在北京各大景点，例如故宫、颐和园等等的旅游活动。

在五天里，我深深地被清华大学的校园之美与完善的硬体设施所吸引，在放榜之后也被清华录取了，抱着体验营中留下的好印象和对清华极度的憧憬，就这么开启了一段漫长的北京求学之路。

在清华大学，我就读于社会科学实验班，并从大二开始主修实务方向的新闻传播双学位。清华大学的优秀科系主要分布在工科和经管学院，其实在人文学科方面不算特别擅长，但是清华这样一流的综合性大学确实带给了我们很多学科融合和交叉的学习机会，我们有许多双学位和辅修的机会，比如说在2016年就有法律、数学、新闻、美术等14个二学位开设，和统计学、互联网金融与创业和智慧硬件跟机器人技术创新等11种创新又实践的辅修专业。我在学习国际关系以外，展开了新闻二学位的学习，这对于我之后的实习工作和职业方向起到了很关键的作用。

其实，在清华大学学习社会科学与新闻学，相较于北大与其他学校较不学术导向，许多同班的同学最后没有走上社会科学的学术研究道路，但在找工作方面相当积极，许多同学于大三大四就确定了将来选择的职业导向，因此私以为清华的教育和整体氛围也许较不适合希望在人文学科的学术领域深造的同学，但因为其理工院校的性质，让你有很多机会与理工科的同学接触，也有必修数学、物理的课程要求，在跨学科的融合上有很多机会，使得不少同学最后进入了互联网或金融等产业。

在北京这样一座大城市，真的不乏工作机会，重要的不是你如何找到工作，而是你想做什么和能把什么事情做到最好。以我们班学习人文社科的同学来说，有人毕业后进入麦肯锡等咨询行业，也有人到互联网做产品，也有人到著名的时尚杂志做企划，这证明在北京你的出路相当宽广，只要你肯学习，肯努力地去跨过门槛，在北京的机会无穷。另外，许多清华学子会到海外名校继续攻读硕士，对于台生来说，等于就有了台湾、大陆以及欧美的多种历练，许多台湾企业或欧美企业也需要能够进驻到中国市场的人才，相信这方面的经验能使你加分不少。

在许多台湾媒体上，对于台生陆生经常有一些过分的解读，比如说大陆学生多么竞争，多么有狼性等等，使得不少人对于大陆高校有一些误读。其实大陆学生也是青春正盛的大学生，他们也爱玩、爱吃，他们很有活力，愿意为了自己的目标拼命，他们确实竞争激烈，却也是庞大人口下的无奈之举，他们会在北上广的生存压力下为生计烦恼，但又同时热爱生活、自我期许，如果愿意与大陆的年轻人多多交流，就会发现我们之间许多的共同之处，你会发现每个人都是独立的个体，从来没有哪里人全都怎么怎么样，哪里人又怎么怎么样的这种事情。

对于是否鼓励台湾高中生毕业后到大陆念大学，我觉得这是一个私人化的问题，没有优劣之分，只有合适与否。我的建议是同学们不需要考虑太多诸如北大清华世界排名很高，能认识很多大陆精英建立人脉，或是能打进大陆市场的这种过于宏观的问题，否则往往会对现实感到失望，而应把关注点放在自己身上，思索我在北京念书开不开心，能不能培养出专属自己的能力，和未来求学和职涯规划的问题。以我来说，我在北京看到了一个不一样的世界，有机会出国交流和学习，并且对于从小到大一些根深蒂固的价值观进行了思考和辩证，并且收获了快乐的四年大学生活，其实就已足够。清华很大，可以包容下各种各样的人，北京更大，在这里可以做任何想做的事，在这个高台上，我得以拥抱世界。

在"异乡"中找到家乡

□顾秉真

武汉是深处中国腹地的中心城市，同时也是世界上大学生数量最多的城市之一，而我刚好就是这千万大学生中的一位。两年前我报考了武汉大学，生活便从熟悉的上海一下转到了一个新城市，从此在这个新城市里展开了我的新生活。认真回想下当初，其实我的心里是很开心的，因为又有了一个可以完完全全重新体验一个新文化的机会。

第一次听到自己要来到武汉念书的时候，手上拿着武汉地图，心里感觉非常新鲜，有一种即将要踏上未知土地探险的感觉。那时候拿着地图，没有太多天马行空不着边际的想象，只是仔细研究着地图，想尽自己最大的力量将这个城市的各个城区各个地标熟记在心里。大多数的大陆城市，由于没有民国标记，少了这层特别的情感，对我们也并不会产生这种共鸣。但是在武汉，在一些古迹、学校教学楼的墙边甚至长江大桥上，建造时间都会以民国几年做标识。不只是我，我相信很多台湾人如若看到，心里定都会是"此处竟然也会！"这就是一种在你意想不到的"异乡"找到自己家乡点滴的动人之处，试想这是一种多难得的缘分啊！多少的历史，才能造就出这样的今天。心中的感动，很难用言语形容清楚。从此对于武汉便多了一份牵挂。

从一个更宏观的历史层面来说，我们在异乡找到了和自己的家乡有着千丝万缕联系的城市。仿佛武汉和台湾就像是分隔两岸的手足一般，而我如今正在此处求学，心里深深感觉到，我并不是孤身在陌生的地方漂泊着，冥冥之中，这里和我的家乡有着那么多独特的联系，给了我很多慰藉。

除了历史，武汉这个城市的人文，也让我对它产生了别样的亲切感。从小到大去过了大陆的很多地方，每个地方的人文气息都有着很大的差异。四川人出了名的安逸慢生活，上海人出了名的排外（但客观来说其实并没那么严重！）。武汉这个城市的市民虽然个性火爆，但相处起来，却让人感觉到意外热情与友好，绝大多数时候既热心又淳朴。而且另外一个让我感到很意外的地方是，当我在试着描述武汉市民的时候，我根本不需要把许多在外接触的陌生人、路人与我平日在校园里相处较密切的武汉朋友作区分，不用特别像上文那样做出备注。若是在上海，那的确是需要，可是在武汉真的不用！因为不论你们是不是朋友，就算只是些一面之缘的人，大部分都热情友善，这一点着实让我又惊又喜。

武汉这个地方，有太多太多的小细节呈现了和台湾的联系。对我来说，武汉的意义早已不是一个大学四年生活过的城市而已，即使有一天我会离开这里，但是我会打从心底怀念它，怀念这些冥冥之中的难能可贵的情感连接。

来自台湾不代表就是优秀

□王超平

我以过来人的身份看跨出台湾，尝试在大陆这片土地上写下求学经验的"探险家"，将之区分为三种，一、家庭圆满型，因着父母工作关系与之相伴而来；二、市场远见型，相信中国未来的发展，抢先卡位大陆；三、机会旅游型，考量自身的语言及经济能力，透过校方资源或网络信息短期交流。凡有以上经验者就业时都会多一层在大陆就职或创业的考量。就业成为台籍干部，容易存在来自台湾就代表优秀的迷思。我以当事者的身份为跨出台湾想来大陆竞争，企图在这片土地上求得一席之地的挑战者做一些总结。

几种可能退出的台湾人类型为：

一、特权干部型。在我刚到职的那天，厂长召集核心干部为我接风，聚餐加唱歌共五名台干、三十多名陆干，直至两点后才散场。次日七点四十五我到厂里报到，昨日与会的各部门课长均在八点前打了卡，投机一点则是打卡后再跑出去吃早餐，在这期间我从他们的眼神读出："台干这么早上班？""你也是台湾人吧！那你要打卡吗？"在九点到十点半之间，陆陆续续出现的五位台干前辈，验证了我内心的想法。

二、云端忘我型。在台湾跟我同期受训的一位储备干部晚我一个月到厂里，一般科大学历，年龄三十二岁，没有在同一家公司维持超过两年，性格缺乏自信。到职后陆干、同事时不时邀他吃饭喝茶且礼遇有加，话题都掏出肺腑地叙述工作压力、经济压力、家庭压力，对其而言听在耳里的字字句句感同身受，一个月不到的时间他申请了自己部门含其他部门在内 17 个人的加薪，而我们全厂不超过 50 人。他拍着胸膛说保证下月帮各位加薪否则走人，结果：走人了。

三、识人不明型。每日晨会的部门工作汇报，仓库主管报告前一日入库两百公斤物料一件，无人对此有异议。试问一名送货员以小发财车配送的商品会设计成 2 台 125cc 机车为一件的概念？当下我质问该名仓管是否测量验收，其直属台籍主管认为我是急于表现，从而出面圆场谎称其亲眼验收确认厂家交货两百公斤无误。其实，厂里就两把秤，一把仅能称

100kg以内，另一把虽可磅过百公斤，但已损坏三个多月，如何亲眼所见？

四、不知行情型。生产到了旺季往往会请临时工来协助生产，打包装箱等不需要专业技能的都能请工读生替代。暑假招工红纸张贴及网上招聘信息发出已有半个月，毫无回讯，该名台籍主管每日问："你们打打我手机看通不通，怎么没有电话来啊？"某日下午，我路过公车站牌旁的园区招聘栏，看到我们厂的张贴的公告内容如下："诚聘有志学子为暑假期间增加社会经验，月薪1600，临工8元/小时，六小时补一餐不包宿（月休两天）。"2015年的广州郊区一间雅房200元，工业区一份便当10元，当年一份大麦克套餐24元，试算如果一个月的劳动所得只能存下45份大麦克套餐，还来吗？

五、被卖数钱型。厂内有台德国进口的后加工设备约价值12万元，这台设备被厂内月包机械维修师检测出马达被雷击烧坏必须更换，维修报价是进口五千或国产三千，车间主管在进口跟国产间犹豫不决。我心想新采购的德制工业机器，也不是便宜货，又放在室内，能简单就坏吗？百度了原厂电话，透过客服了解了基本信息后我在晨会上提议寄回东莞的原厂检修，原厂报告显示系统内设定跑掉了重装费100元。困扰了厂内一个月的问题五百元内解决了。如果真换了马达，好的被拔走拿去转卖二手，又花三到五千买个不是原厂的。

来自台湾不代表就优秀，不能与时俱进，早点回去。

归属感

□ 刘爱琳

我是刘爱琳，武汉大学法学院本科三年级学生，来自台湾花莲，会来到武汉念书，只能说都是意外……

2014 年，我高中毕业，在知道学测失利后，听从了父亲的意见，展开了两岸学校的申请，期间透过"夏潮联合会"与"中国留学社"网站，得到许多关于大陆学校申请的资讯。我的运气很好，恰巧过了申请大陆学校的最低要求——学测前标，于是就在 3 月准备台湾学校面试的同时，也关注着大陆招收前标免试生的相关讯息，生怕一个不小心，又错过了一间学校的面试。

在这段面试的混乱时期，却爆发了"太阳花学运"，立志成为法律人的我，对这次的行动做出了评判。然而，我的立场却恰恰与父母相反，新闻媒体的大力报道，对选填法律相关科系的我来说，更是雪上加霜。后来我毅然决然改了自己的志愿，填了东吴大学的政治系，这样的行为彻底惹怒了我的父亲，他逼着我到武汉面试，后来也顺利地通过，经过利益权衡，选择留在舒适圈或是出去闯荡，最后我在东吴办理了休学，并在母亲的陪伴下，2014 年的 9 月来到了这个城市——武汉。

我以为现实跟想象不会相去太远，然而都是我自欺欺人，因为不论先前的心理建设有多好，都很难不被眼前的现实给击垮……刚下飞机，面对计程车司机的漫天喊价与不跳表，给震慑到了，一句武汉话都不懂的我们，就这样被司机的糊弄给敷衍了事，上了一堂社会教育课程。

到了学校，更是让我吃惊，学校占地非常辽阔，对"不远"的认知差了十万八千里。第一个月在学校都是靠地图和导航度过。记得刚踏进宿舍的那一刻，霉味跟满地的虫子，这些都勉强还能忍受，然而厕所却彻底让我崩溃，一个坑的左上方放着莲蓬头，两者在同一个空间里真是难以想象……

我的母亲淡淡地说："我们回台湾复学好吗？"即使内心很挣扎，但生怕母亲不放心，我违背内心说："没事,我可以的! 就当这四年我是来修行的吧！"三天后，我去机场送母亲回台，开始了我独自在武汉的大学生活。

港澳台生不需要军训，因此跟大陆同学的相处差了一个月，加上住在不同的宿舍——港澳台生宿舍，室友没有一个同系的，充分感受到自己的格格不入。对生活、饮食、人文等等各方面也不适应，武汉的饮食习惯十分重口，又咸、又辣、又油腻，导致我因为水土不服，短时间内暴瘦了3公斤。同时，因为大陆跨省如"跨国"，老师的口音天南地北，致使上课不适应，出现听不懂的情况。另外，即使我们语言看似没有障碍，但生活用语却是有显著的差异，让我像个"外国人"，常常听不懂同学的对话，偶尔还必须请他们再说一次；有的老师对港澳台的学生有偏见，认为我们就是一群不学好的学生，毛病特别多，但他们其实不知道，我们需要一段适应期。过去，因为没有亲自来过，无法深刻体会两岸之间的教育是不同的。

我很庆幸自己身在台湾，高中还有每周两节的体育课，但对大陆同学来说，这些都是奢求，他们的体育课早已被各种学科给占领了……医疗体制，大陆的医疗体制存在严重的问题，人与人之间没有信任感，医生对病人也不是特别尊重，甚至可以说是随便（有可能是因为在校医院吧），导致我非常排斥在大陆看病。

与大陆的同学交流，必须通过参与社团或加入学生会等组织，毕竟一起共事才有更了解大陆文化的机会。可惜的是大一的我面对人生地不熟的环境，都在追寻所谓的"归属感"和"认同感"，喜欢跟室友或港澳台的朋友相处，与大陆的同学并不熟悉，即使明知他们释出善意，也往往对他们充满好奇心的问题感到厌烦："你们港澳台都不需要军训吧？真羡慕！""你喜欢台湾男生，还是大陆男生啊？""你是台湾人哦？那你支不支持回归祖国啊？"诸如此类，即便有些同学释出善意，但往往我还没尝试前就感到惧怕，因为先前不好的经验，对很多事情早已有了成见。

　　武汉具有"火炉"的名号，但冬天也会冷得下雪、刮风下雨发大水，有时在一星期内可以出现所有的天气，有一句话是这样说的："武汉，每天都不一样！"一天的温差有时可以差上十几度，各种不适应，加上天气严寒的情况下，我不但冻伤了，还在一学期内胖了5公斤。

　　在大一的一年里，我一共回家了四次（包括寒暑假），种种的不适应，融入不了大陆同学的圈子，课业也因为抓不到重点而一落千丈，我也多次向父母表达，完成这一年就要回台湾复学，回到家人朋友都在的舒适圈，这里的一切对我来说，像一场永远都醒不来的梦魇，除了室友，我在学校似乎没有其他的重心……

大一下的学期快要结束的时候，决心回台念书的我，和班导促膝长谈，叙述了这一整年我在武汉的各种不顺遂，其实我也并非没有寻求过帮助，甚至还找了学校的咨商老师，但只能很抱歉地说，毕竟他没去过台湾，也不住在台湾，无法设身处地替我思考，对我来说起不了多大的作用。然而班导的一席话，如当头棒喝点醒了我："也许这一年对你来说，很惨，真的很惨，但你有想过吗？你回台湾就是从大一开始，不是很浪费吗？可能你是女生，遇到挫折就容易多想，可能你对自己的期望也只到这里了吧……"他也分享了自身在各地求学的经验，面对不熟悉的环境，我们容易把不顺心的事情给放大，把好的事情给缩小，但如果因为这样，就放弃了继续向前的勇气，我想我会后悔一辈子吧……

回去之后，照着班导的话，我列了张去留利弊的清单，在权衡之下，我决定给自己一个努力的机会，因为当年的我，就是希望到更有竞争力的地方学习，将自己归零，重新开始，离开舒适圈，脱离父母的保护，正因为我年轻，我可以跌倒，正因为年轻，所以我可以不断尝试。于是我竞选了学生社团指导中心外联部的副部长，给自己留下来的理由，暑假与其他副部留校拉赞助，虽然一个月没有回家，父母也无法谅解整段事情的急转直下，但还是同意让我留校。经过一个月与其他同事们的共事，彼此间有了强烈的革命情感，也慢慢地学会去了解、去改变、去包容，发现和大陆同学相处其实没有想象中难，不能因为一个人而打翻一整船的人，如果不去了解，只会有更多的误会与嫌隙产生。也许是心境变了，多了份义务和责任，我开始慢慢期待开学，期待自己能给下届学弟妹带来什么，我让自己忙起来，慢慢地在武汉这片土地，找到了一些归属感，真正的归属感！

2015年9月，我升上了大二，成了学姊，不论在社团指导中心还是在台湾同学的聚餐上，我看到了一些学弟妹，很迷惘、很彷徨，我用过来人的经验开导了他们，仿佛救了当时的自己，我想我留在这里的意义，也许是可以是帮助像我一样只身前来的学弟妹……

我很"讨厌"武汉，但我喜欢我在这里遇到的人，所以我留了下来！

我的故事未完待续……

当台生遇到台师

□李宜庭

16岁，一个青涩懵懂的年纪，因为父亲工作的关系，初中毕业后从台湾来到了厦门，开启了非常奇特的高中生活。一开始，完全不懂简体字与拼音，写作文因为内容里有繁体字而被语文老师扣分，当时心里有点不平衡，认为老师歧视台湾的一切事物，凭着一股不服输的劲，努力练习写简体字，就是为了证明台湾人学习能力是很强的，事后回想起来，造就现在简繁体互换十分顺利的我，那位语文老师功不可没。除了课业烦恼之外，因为是住校，人际交往以及生活习惯对我来说可是极大的考验，因为当时两岸的沟通不像现在这样频繁，还没前往大陆前周遭的老师以及同学都在我耳边叮咛，大陆的环境很糟，大陆的人不好相处等等，所以当我怀着忐忑的心去接触我人生中的第一群大陆同学时，他们让我的印象大大改观，其实大部分的同学都是保持着一点好奇心同时又以非常友善大方的态度对待我，完全不怕麻烦地教我很多事情。因为他们，我从大学甚至到现在的研究所都保持着公正不偏颇的态度面对每个来自不同地方的人，也是在那个时候我找到了自己想做的事情。我希望自己能让在台湾的人就算不走出来也能知道大陆的美好，不要被媒体诱导或是夹杂着自己的偏见及优越感，要客观了解感受两岸的各种事物，并且拥抱接纳一些不一样的声音，为了我所期盼的未来，我的大学选择了新闻专业。

每次寒暑假回台湾，我与亲朋好友都会针对自己的专业起了争执，他们认为新闻传播这种学术研究台湾比大陆更专业并且开放，为什么我想选择在大陆读呢？我每次的反驳到最后都会让大家沉默并且低下头思考。其实我认为两边的学术都是非常了不起的，的确，大陆起步比台湾晚，管制也比台湾严格，但是却很厉害地形成一套属于自己的体系，而且大陆的新闻媒体非常多元化但却没有混乱不堪，每个都有自己的特色，新闻内容质量也比较高，我很好奇是怎么做到的。反观台湾，新闻媒体参差不齐，发表的新闻我认为根本不符合新闻的本质，失去了一个监督者的客观公正态度，让受众都很明显地感受到媒体者的立场，这样的新闻就不应该存在，可是为什么却在台湾如此流行，我对此也很好奇。两者各有利弊，并没有谁比谁强，我认为两边都接触才能吸收到更全面的知识，所以大学考到了武汉大学并且进入新闻传播学院学习。我认为这个选择并没有错误，虽然期间对于新闻曾经热情，曾经迷惑，曾经举步不前，但是绕了一圈我还是回到了原点，我没有因为一些现实原因而放弃继续学习新闻，所以研究所虽然改了学校但专业却还是一样，选择了厦大是因为这所学校对台湾的研究非常深入，也就是这个缘分让我遇到了在大陆的第一位台湾老师，让自己离梦想又近了一步。

　　成为研究生后，能感受到每个同学都很有目标，对于之后的选题乃至毕业后的决定都已经有很明确的方向，初期选导师环节大家都在争做第一个让老师印象最深刻的学生，而我，一开始有点茫然，不知道自己的强项在哪里，直到听到我们系有一个台湾老师，并且了解对方的专长后，二话不说马上积极联络，当时心里的声音告诉我，这个机会绝对不能错过，想要找个与自己兴趣相符而且最了解台湾的人也许就这一个人了。直到在电话接通的那刻，听到老师对我说"我等台湾学生很久了"，我才知道，也许这都是上天冥冥之中为我们安排好的，虽然研究所生活才刚开始，未来也许还有很多未知数，但我相信自己作为在大陆的台生以及他作为在大陆的台湾老师一定会发生一些意想不到的有趣碰撞，不管是什么样的结果，我认为这都是值得期待的，未来三年,加油!坚定不移地朝着梦想迈进吧!

用学测来大陆读大学的故事

□黄思涵

两年前，只从新闻媒体或网络看见大陆的我，透过学测来到武汉大学，经历了放弃在台湾读大学的选择，经历了家庭反对，经历了离别，两年后，我成长了并且不带一点后悔。

我来自台中，就读的任何学校离家至多也不过 20 分钟，头一次前往大陆甚至是为了大学面试，没有任何亲戚朋友在大陆。有人问，一个人前往异地读书不怕吗？在台湾就近读大学不是很好？坦白说，直到现在我还是很兴奋，为了看更广的世界，与各种人相遇，在隔了一个海峡的大陆读书。

确定大学前往大陆就读后，我透过各种管道知晓，用港澳台联招又或学测可向各大学申请，每个学校设的门槛不一，投递资料的时间也不同，或早或晚，面试时间也可能相撞，甚至面试内容也不同，但总归逃不了一句：为何放弃在台湾就读来到大陆？你对你即将读的大学或专业了解什么？

　　二月学测结束，三月申请面试，五、六月前往各校面试，接近七月通知上榜，在不确定是否上榜的情况下，我也申请了台湾的大学并且被录取了，于是面临选择。小时候与爸妈生活在一起，上学出门放学回家早已是常态，但到大学却成了非常态，更何况是一个隔了一个海峡，搭机搭船也得考虑价钱以及时间的地方，往后与家人谈天得靠通讯软件，一通电话也成了奢侈。父母虽然尊重我选择大学的决定，但也不舍，榜单公布以前每当讨论此事总是敷衍收场、闭口不谈，我晓得他们是害怕结果；公布以后则是愤怒结束话题、冷冷带过，我晓得他们是不舍。

　　即将大学报到的那段时间既甜蜜又难熬，大陆与台湾的大学同时都录取了，双方都可以报到，但我选择放弃台湾的大学，为的是更坚定去大陆的决心，也给父母选择的结果，期间他们反复询问，而我反复说服，最终他们还是妥协了。在外他们骄傲地到处与人说着这个消息，在家却不时悲伤，甚至难过流泪，尤其当我带上台胞证、学校寄来的录取通知书和学校需要的各种资料以及行李在机场时，难过的不只父母，也包括我，因为那刻才感觉到，原来我真的要一个人到大陆读书，好像能透过通讯软件弥补的距离瞬间现实了起来，几千公里和半年甚至一年我碰不到家人、无法与朋友日常聚餐，看不到熟悉的街道、天空。录取通知书变得沉重，学测成绩变得虚幻，很多努力和喜悦瓦解，在所有经历的过程中，离别于我，最难熬最残酷，那刻成为我动力的是说服父母的那些话，以及录取通知书。

"大陆不远，在那边读书以前只是透过媒体、口耳相传或是想象，我想亲眼看过、去体会，也会对我的选择负责。"

坚定选择，找寻资讯与管道，体会时间与感觉，度过离别和困难，这是我用学测到大陆就读大学的故事。

转学到青岛大学攻读皮肤科

□ 初行智

　　我从小都在台湾接受教育，没来过大陆，说来奇怪，我爸爸是台商，我却连旅游都没来过。直到 2011 年 10 月来青岛读书我才第一次到大陆。来青岛读医也是因缘际会，我是中山医学大学生物医学科学毕业，我计划当完兵就到美国读书，在大学期间我的托福、GRE 都考完了，也申请到了西雅图华盛顿大学生物医学研究所，一切就是等待时间的到来。结果，我妈妈参加的一场聚会却意外改变了我的整个计划。那是一个很普通的朋友间聚会，席间恰巧聊到妈妈朋友的儿子在大陆求学，大家现场讨论分析了来大陆求学与去美国求学的种种利弊，最后还是大陆胜出，于是妈妈当晚就告诉我这些信息，我也上网查了相关信息，思考了几天，我觉得第一点是两岸交流已经常态化，充满了各种形式的流动，比起去美国方便；

第二点觉得台湾无论是传统产业或是新兴科技业都转移到大陆，未来交流会更多；第三点是去美国学生物医学，就算说是毕业也没有执照，不如来大陆读医科有证照；第四点是基于父亲的角度思考台商生病的情境，要为了100元新台币的小病花2000元人民币的机票回台湾？如果台商在当地就医，在人生地不熟的情况下"他乡遇故知"，我既懂得大陆用药知识，又有台湾人从小到大的生活经验，应该可以用最好的方式帮助这些人，加上家里产业在大陆，不如来试试看。不过，我也明白读完后其实很难被台湾承认证照。但是，也不是完全不能解套，其实有方法，两岸是一个奇妙的关系，台湾不承认的证照学历在其他地方却又承认，如果拿到大陆职业资格后，再去国外转个一两年，甚至拿到美国的医生执照，如此，台湾就会承认，只是要绕路。

在大陆读医科，一般台湾人耳熟能详的就是北大、清华、复旦、上海交大，也有武汉大学、南京医科大学，青岛大学不是985、211，排名也不是那么靠前，如果听到是专门选择来青岛大学读书会觉得很奇怪。刚开始的时候，朋友推荐青岛的天气不错，我网上搜索了一下，看上这里的历史文化积淀，还有德国殖民留下的异国情调，充满了希望就来了这里。另外，做出这样的选择，也与我个人情况有关。2011年我来的时候是从大三开始就读，相当于是插班就读或是转学生的概念，这在台生中也算是相对少见的情况。除了青岛大学之外，我也有打听其他学校，经过实地查证，上海复旦大学非常严格，不管是规定台湾人或是外国人，如果到复旦就读，必须按照培养计划修课，没有什么弹性。青岛大学给我较弹性的优惠，像我政治课、体育课免修，只要修专业的科目，原来在台湾的学分可以抵免。我已经大学毕业又当完兵，年纪比较大，这让我节省很多时间，比较适合我的情况。我研究生往外考到复旦的皮肤科，可是遇到医院人力调整，还是把我调剂到普通外科，跟我的志趣不符合。我考上皮肤科，却得改专业，虽然从学校的角度看每一个人都想抢破头挤进来，但是我留下来待了三个月还是觉得不是自己想要的，大老远跑来就是为了实现自己的愿望，梦想怎么能打折啊！我就积极联络调整可以读皮肤科的地方，刚好我以前在青岛有基础，大家对我都比较熟悉，也明白我的情况，老师说："你愿意回来，当然好啊！"我就办休学，回青岛，在皮肤科一直待到现在。

如果想来大陆插班就读，其实不困难，由于临时来个人生选择"发夹弯"，入学时间迫在眉睫，所以我是直接咨询在青岛读书的学长学姐，了解了申请的程序，然后用电子邮件与学校往返，没想到申请流程很快，补齐证件后一个星期就接到通知确定入学。主要材料是大学的毕业证书、成绩单还有其他佐证材料。校方会参考学校的排名，大陆很清楚台湾高校的情况，一般成绩在85分以上都可以抵免，我还附上托福109分的成绩证明，获得免考免修专业英语直接合格的抵免。其他不足学分，就可以选择我自己想修的专业课，我选了营养学、中医药学等，这些是我在台湾没有上过的课。我感觉青岛大学对台生相当开放，也很欢迎台生加入他们。大陆医学院大一、大二都是基础科目，大三是专业科目，大四到医院去见习，见习就是指到各科室去看，记笔记，到外科、内科、妇科、儿科去转，作为老师的助手辅助或独立处理事情。非相关科系也可以来就读，但是需要评估专业科目，我有一个学弟在台湾中山医学大学读到大三就过来，学校最后让他从大二开始就读。

选择皮肤科有几点考虑，首先，这是一个可以独立的科系，意思就是指不需要靠医院，就可以做医疗的事情；第二，台湾潮湿，身边的人或多或少都有皮肤的问题；第三，就是我的女朋友因素，她因为湿疹到处就诊用药，无法断根，擦了很多类固醇，外行人雾里看花，不如自己来解决问题。不过，皮肤科也不比外科轻松，因为患者相当多。外科可能一天五台手术，但是只有五个病人，而皮肤科会有一二百个，因为皮肤病人人都有，有的可能很快，两分钟，有的可能五分钟，麻烦一点的要收住院，要手术处理，急诊，特别是青岛盛产海鲜，还遇到吃虾蟹过敏的，严重还会休克，这点倒是跟我想的有点差距。比较高兴的是我根据女友的病症，用我觉得安全的药物重点治疗，她现在已经好了。大陆怎么用药可以自己选择，不同于台湾受到健保局限，用什么是医生或是患者决定，而且也因为健保的关系，药品的质量也不如以往的有效。当然，见仁见智。

听说父亲

□李元正

父亲是我认识的人群中最早去大陆的一批人。早在 1986 年就已经前往大陆考察制造业的环境。听大人们说，当年父亲去大陆的时候还不能直接入境大陆，要不然台湾"国安局"就会到家按门铃，拷问家人父亲是否"叛逃"到大陆"通敌"。所谓上有政策，下有对策。充满冒险精神的台湾人会从第三方入境大陆躲避侦查，或者是到菲律宾等协力厂商国家办理国籍，用他国护照入境大陆。听起来似乎简单，但拿着菲律宾护照的人说着台湾闽南话或中文未免引人生疑。有些不幸的台湾人在入境香港的时候会被拦下来审问，最终被遣返。父亲读过点书，能够说些英文，顺利过了这一关。这样的情况在 1987 年得到了缓和，台湾当局开放台湾居民赴大陆探亲，真正意义上开启了第一批台湾人赴大陆创业的"大航海"时代。

早期前往大陆创业的艰辛险阻可能不亚于明朝中期至民国初年四百余年的"走西口"。山西人普遍流传的说法是只要当年能够成功地从山西杀虎口走出去再走回来，这个家族就发了。但只可惜很多妻子直至临终前也没有等到夫婿的归来。20世纪80年代末期前往大陆广东片区的台湾人肯定不会对"罗湖关"感到陌生。"罗湖关"这边是"文明"那边是"野蛮"，可能是每一个经历过这段历史的台湾人的心声。但是，创业需要钱啊，办工厂需要购买土地、请施工队、买机器等等都要现金啊。不好意思，当年并不像现在可以那么自由地汇款。为了降低风险，聪明的台湾人会让怀孕的妇女身上绑着现金进大陆，因为这样才不会被当地的团伙盯上。听说父亲也让母亲绑着老板的现金进大陆支付员工的薪水，那可是父亲的工作职责。

　　每到过年的时候我和弟弟总会问父亲是否要回台湾过年，听说过年有很多红包可以收、糖果可以吃、电动可以打等等。我曾和弟弟说，过年就是天堂，我想我欺骗了他。父亲一如既往地坐在办公桌前抬头看了我一眼，然后回到签呈和邮件的世界里面。听说父亲自从成为公司的雇员后从来没有回台湾过年，因为欧美的客人不会过中国年，工厂为了出货需要主管留在工厂保证出货顺利。为了让工厂的台干回家过年，父亲都会选择过年留守工厂，而弟弟和我也只有梦过天堂的样子。

"听说你们家很有钱哦，你爸爸是台商。"长大后回台湾总会有人这么跟我说。我不知道什么时候我们的社会已经成了一个以金钱为标准的社会。新闻只关心"台商"物质的创造，却忽略了"台商们"背后更大的群体——"台干们"在"大航海"时代下的艰辛努力、同海峡对岸的家人别离。我常反思不应该一直"听说父亲"，而应该更进一步亲自去"倾听父亲"。我也希望我们的社会不要活在"听说"的幻觉，而是更进一步地去倾听一个人、一件事背后那有血有肉的故事。

父亲这一代人的努力应该被我们的社会所铭记。尽管属于他们的"大航海"时代已经步入尾声，但他们的精神却长存。他们冒险的精神、为了达成目标而牺牲一切的精神，有些尽管不再适合当下的社会，但还是值得我们借鉴。希望我们这一代年轻的台湾人能够继承上一辈"打不死的台湾蟑螂"的精神。

我的大陆求学回忆

□陈言乔

年轻人的交流是最可贵也最值得回忆的！我自复旦毕业已 12 年，对求学期间的回忆未随时间逝去而淡化，反倒愈来愈清晰。

2001 年 9 月在学长朋友的推荐下，我决定赴陆念研究所博士班。在多番对比后，决定选择本行（新闻）而非本科（政治）专业攻读。2001 年 12 月我到了北京的北大、人大，以及上海的复旦做了考察并拜访各校的老师们。北京的冬天让我觉得格外冰冻刺骨。转到上海，气温让人舒适许多，考量北京的气候，以及往来交通的费时（当年只能转机，一趟要 12 个小时），最后选择了上海，从此与复旦新闻学院结下不解之缘。重拾书本备感吃力，尤其在工作与家庭忙碌之余找寻空档念书更为艰辛。4 个月后我到了澳门大学参加台港澳联合招生考试。2002 年 4 月我赴学校复试，不久获录取通知书，我成了复旦新闻学院 2002 级的博士生，进入仰望已久的大陆知名学府。

重回校园，尤其是来到一个陌生的大陆校园，充满着好奇。四处探望，比较大陆与台湾两地校园的不同，我看到了相辉堂、登辉路；对体检时保健所内的简易设施，更是印象深刻至今。教室略显陈旧，但散发出一股人文荟萃的味道。学校宿舍是北区公寓楼（专供研究生住），博士生四人一间，客厅卫浴共用，但各有独立的房间，据说是当时大陆各校中数一数二的学生宿舍（可能是新建），只是要把家当搬到六楼，略觉心塞，但也见证大陆老式公寓住户爬楼梯的本事。

搬进学校第一件事是买脚踏车，这大概是所有同学都要准备的；再来是电话卡（刮刮乐那种），当时同学还建议北区某公司的信号不太好，你要买"中国××"的，不知现在的北区信号是否已改善了。

我的同学们有的是官员再进修的，有的是各校老师送来深造的，还有来自媒体的高管，以及硕士直升的。他们的理论与实务经验都很丰富，各专业学科都非常强，这种情况下境外学生要跟上他们都要很努力，我和两个台湾同学关家莉、张殿文拟定计划，学习心得共同分享，作业分工合作共同完成。我也感谢我的公司让我能够公私两便（利用派驻期间上课），跟上进度，安心学习。我的导师张国良是个温文儒雅、谦让敦厚的学者，我从他身上学到做学问的精实与做人的诚恳踏实。他不仅在学习上引导我们，遇到工作或生活中的任何问题，他与师母龚老师都会以长者与亲人的身份指引我们。靠着微信的普及，我们紧密地联系，同门群组已达一百人，大家彼此分享着学习、工作与生活中的乐趣与经验。在这样良好的学习与生活环境下，三年多的时光让我收获良多，成为我人生中一段快乐的经历。在学期间，我的论文《台湾大学生接触大陆新闻的情形与对大陆事务认知初探》，获得"首届中国新闻传播学科研究生学术年会暨复旦大学新闻学院第三届研究生学术年会优秀论文奖"；并蒙中国社会科学院的《新闻传播与研究》期刊（2004 年 2 月）刊用。

午夜梦回时，我常想到那些年我在宿舍与同学们吃泡面、嗑花生米与饮酒的日子，大家高声谈笑，交换对时局的意见；我的同学们每次都期盼我来校时多带几本台湾出版的图书，让他们饱览一番。时间匆匆过去，十六年来，我与大陆的师长、同学们相知相惜，建立了深厚的情谊，他们告诉我大陆

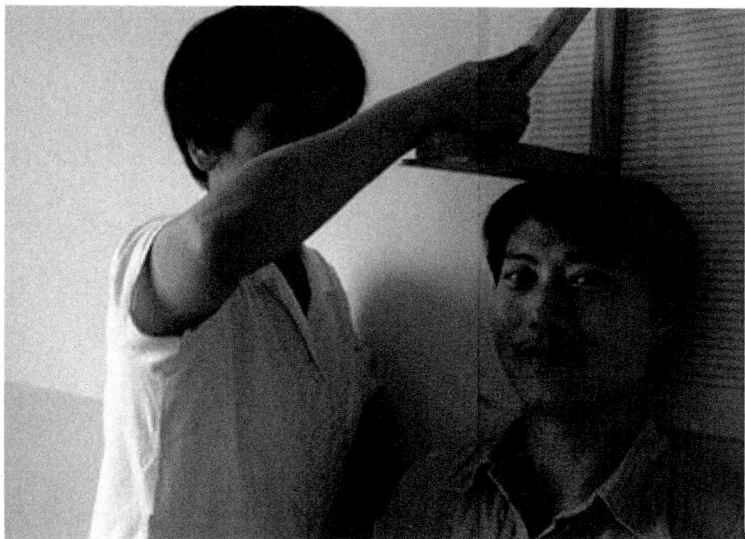

　　新生注册后必须体检，当时学校保健室量身高是身体靠着墙壁，再用三角尺量的。

上课时我的同学们

许多快速发展的实例。在这期间，我也全面见证了大陆经济的突飞猛进。2002 年 9 月有一天下课后，我坐在一位来自浦东区政府的同学车上，他一直鼓励我到浦东买房，他告诉我陆家嘴的房子还未大涨，大概 6 千（1 平米），但未来绝对会涨。现在浦东陆家嘴的房子没有 10 万也有 8 万了。所以，同学、老师的话多少还是要听的。

我在海南求学的日子

□林道萱

  我是来自台湾新竹的一名学生。2008 年夏天，我们举家搬迁至中国最南端的省份海南省，那年我正要升入初中三年级。搬迁到海南原因很多，最重要的一点应该是因为祖籍是海南的吧。在那里我经历了四年的中学生涯，以下是我的就学经历。由于时间久远，记忆里的有些事可能与现实有点误差，敬请谅解。

  2008 年暑假，我跟随家人一起前往海南省定居。随后不久我们兄弟就进入了当地一所比较重点的中学念书。到我高中毕业离开为止，这所学校里面似乎并没有其他任何除我们之外的港澳台学生，所以我们的一切行为都是按照学校对于一般学生的要求在执行，没有特别政策。当然，除了我们始终没有入团这件事以外。由于在之前我们曾经在大陆其他城市待过，所以简体字之类的两岸差异我们也是比较快能适应过来。转进来的时候刚好要升初三，而海南的学校有个"二升三"，在暑假和三年级寒假都要去学校上课的习惯，于是在七月底我就进入了学校就读。

印象最深的是那时候的班导师是全校赫赫有名的超级严厉型数学老师，甚至严厉到不是很受学生欢迎那种。不过正所谓严师出高徒，仅仅一年不到我就几乎矫正了在二年级时的数学严重偏科问题。不过这也同时归功于另一位比较温和的老师，就是由于海南的教师受教育程度差异严重，导致当时当地的学生英语程度极差，而作为全班英语最好的，我被英语老师赋予了上课可以自由复习其他科目的"特权"。当然这到了高中时期就没有了。中考的分数其中有一部分来自体育考试，而处于体质虚弱状态的我自然无法参加，但没想到的是，学校在同意我不考体育这件事上隐瞒了会扣分的结果，导致最后的总分数我以一分之差差点无缘直升，当然最后还是通过了分数线进入了高中部了。到了高中时期，父母以我们兄弟在学校的英语成绩为基础开设了英语补习班，面向当地中小学的学生开班。虽然几年后就因为各种原因停止了招生，但由于成绩摆在那儿，当时确实吸引了一些班上甚至别的班级别的年级的学生前来补习。也是通过补习班，我认识了很多玩得挺要好的同校的学弟妹呢！

高一第二学期开学后不久，学校就开始了文理科分班分配。由于对物理等科目没兴趣并且又是第一学期的超弱项，我便选择了文科，而我原本高一所在的班级被定为理科班，于是我就和班上一部分同样选择文科的同学们一起来到了新的班级。当时我有一个玩得很要好的朋友，但在第一学期时因为某些矛盾差点决裂，导致双方形同陌路好几个月。而在分班那天我才得知他也选择了文科，他也得知我们会分到同一个班级，于是便主动来找我和解，之后我们的友谊恢复如初，直到现在还时常联系。高二时，由于语感等方面的基础学习比较多，我的英语成绩依旧处于全班最高，但我没办法就此松懈，最大的原因就在于班上出现了两个不怎么依靠语感却能紧咬着我不放的学霸级人物。感觉整个高二时期好像我主要就是在拼英语成绩吧，其他的科目里，除了政治课我一直没及格过以外其他基本都是处于中等偏上的水平。到了高二暑假，进入高中部的"二升三"时期，我们一样进入了暑期上课阶段。就在这个时期，我才知道原来港澳台生是可以通过参加港澳台联考这一考试来实现升大学的目标的。然而接下来我就懵了，因为以班上保持总成绩前几名的状态的我，在进行联考摸底测验的时候，意外发现除了英语以外几乎全败。由于海南并没有港澳台联考的专门学校及补习班，只能在自己原来的学校进行复习，于是在与当时的班导师沟通后，我获得了平时上课半自主复习的资格，并且因为联考少了一门政治，更是获得了政治课不用听讲可以复习其他科目的权利。然而就这样过完一个学期之后，我们发现在学校没办法提高基础，于是决定申请第二学期在家自学。也是在第二学期开始不久，联考开始报名了……

这就是我在海南念书的经历，谈不上是什么很有趣的经验，但也是在这里认识了很多朋友，不管其中还有什么悲伤的不堪回首的往事，总体来说是一段美好的回忆。